무브 업

무브업

MOVE UP

커리어
변화구를
만드는 6가지
법칙 성일레인 지음

LG유플러스 최연소 엑셀러레이터,
하버드 출신 일레인의 커리어 수업

다산
북스

누구나 성장을 꿈꾸지만 모두 똑같이 성장하지는 않는다. 그동안 직장 생활을 하면서 성장하고 도약하는 사람도 많이 보았고 정체된 채 머무르고 마는 사람도 많이 보았다. 나는 나름대로 그 차이를 성장에 대한 눈높이와 욕구의 차이라고 생각한다. 재능보다는 얼마나 성장에 대한 목표를 높이 세우고 강한 열망을 갖느냐가 중요하다고 생각해 왔다. 이 책은 자신을 성장시키기 위해 지속적으로 높은 목표를 가지고 끊임없이 부딪혔던 한 사람의 이야기다. 성장을 꿈꾸며 때로는 좌절하기도 하지만 좀 더 나아지기를 바라면서 부단히 노력하는 사람들을 위한 필독서다. 젊은 사람들을 코칭하기 위해 고민하는 리더에게도 좋은 참고서가 될 수 있으리라 기대한다.

황현식 _LG유플러스 대표이사

직장인과 창업자에게 축적된 커리어의 시간은 곧 인생이 된다. 불확실성이 크고, 전반적인 성장을 기대하기 힘든 이 시대에는 혁신을 추구해야만 안정될 수 있다. 대부분의 사람은 본인의 5년 후, 10년 후 미래의 모습을 궁금해한다. 궁금증에만 그치지 말고 스스로가 주도하는 미래를 꿈꿔보는 것은 어떨까? 그런 관점에서 이 책은 자기가 펼치는 미래로 나아가는 방법을 솔직하게 보여준다. 저자가 말하는 것처럼, 큰 그림을 보고 맥락을 이해해 일을 주도하면서 파괴적 레벨업을 통해 혁신을 추구하기를 진심으로 바란다. 고민이 많은 세대, 소통이 필요하고 공감이 필요한 지금, 이 책은 여러분에게 소중한 에너지가 될 것이다.

이동현 _신한벤처투자 대표이자 23년 차 벤처캐피털리스트

나는 지금까지 20여 년간 회사의 구성원으로, 두 번의 스타트업 공동창업자로, 그리고 전문경영인으로 일하며 적어도 천여 명이 넘는 인재들을 선발하고 육성하고 함께 성과를 내는 것을 경험해 왔다. 그 시간을 통해 크게 성장하거나 성공한 사람들에게서 세 가지 공통점을 발견했다. 첫째 일에 대한 집중력, 둘째

불편함에 몸을 던질 수 있는 용기, 마지막으로 반드시 해내겠다는 간절함이다. 일레인 님은 어쩌면 이 뻔해 보일 수 있는 것들을 온몸으로 부딪히며 경험한 사람으로서 그 노하우를 이 책에서 들려주고 있다. 그의 성공을 향한 치열했던 커리어 여정을 보면서 생생하게 빠져들었고 함께한 것 같은 흥분도 느꼈다. 이 당찬 도전에 '이렇게까지 해야 해?'라는 생각이 들 수도 있을 것이다. 하지만 무브 업을 꿈꾸고 있는 독자라면 일레인 님의 이 공격적인 가이드가 바이블이 될 수 있을 것이다.

윤현준 _잡코리아×알바몬 대표이사

요즘처럼 커리어에 대해 많은 고민을 하는 시대는 없었던 것 같다. 회사 내에서 어떤 직급과 직책을 가지든, 어떻게 하면 성공적인 커리어를 쌓아 일의 보람과 더불어 인생의 목표를 달성할 수 있을지에 대해 많은 분이 고민하고 있다. 이러한 시대에 국내 최연소 대기업 임원이 들려주는 조언은 분명 모든 이에게 와닿을 것이다. 특히 저자가 회사 내 본인에 대한 수많은 편견을 이겨내는 도전이 흥미로웠다. 모두가 회사에서 다양한 편견과 견제를 마주하는데, 어떤 사람은 이를 뛰어넘어 성장하고, 어떤 사람은 주저앉고 만다. 나 또한 25년간 회사 생활을 하면서 제대로 일하기 위해서는 누군가에게 무조건 친절해서만은 안 되며 나의 영역을 굳건히 하면서 나의 사람들을 지켜야 한다는 점을 배웠다. 무작정 친절하거나 Yes만을 외치는 것이 회사에도, 나에게도 당당하지 않음을 젊은 리더들이 깨닫고, 좀 더 당당하게 커리어를 쌓고, 성장하기를 바라본다. 자신의 경험과 노하우를 친절하게 담은 이 책은 사회생활을 막 시작한 뉴비뿐만 아니라 30대 중반의 독자들에게도 커리어에 대한 새로운 인사이트를 줄 것이다.

고인호 _전 소니 인터랙티브 엔터테인먼트 코리아 대표이사

'Move up'을 한글로 풀면 '출세하다'라는 뜻이다. 출세의 뜻을 풀어보면 날 출(出), 세상 세(世)로 이루어져 있다. 그야말로 출세는 다른 세상으로의 탈출이다. 이 책을 처음 기획했을 때의 가제 또한 '다른 세상으로의 탈출 Move up to another world'이었다.

돌이켜보면 나야말로 5년 전의 세상에서 탈출해 전혀 다른 분야에서 새로운 동료들과 더 큰 비전을 품고 한층 상승한 연봉을 받으며 또 다른 커리어의 세상을 살고 있다.

이전의 나는 많이 일하고 적게 벌었다. 지금의 나는 적게 일하고 많이 번다. 이전의 나는 연봉을 협의 없이 부여받았다. 지금의 나는 연봉 협상도 하지만 먼저 제안하기도 한다. 이전의 나는 남의 눈치를 보기에 급급했다. 특히, 상사의 기분에 내 기분까지 좌지우지되었다. 지금의 나는 남의 눈치를 보지 않는다. 이전의 나는 반복적이며, 중요하지 않은 업무를 했다. 지금의 나는 새롭고 중요한 업무를 한다. 이전의 나는 의사 결정이 떨어지면 그에 맞춰 움직였다. 지금의 나는 직접 중요한 의사 결정을 한다. 이전의 나는 남의 시간에 나를 맞추었다. 지금의 나는 내 시간에 나를 맞춘다. 이전의 나는 하고 싶은 말을 하지 못했다. 지금의 나는 하고 싶은 말을 한다. 이전의 나는 최종 책임을 다른 사람에게 맡겼다. 지금의 나는 나의 성과와 행동에 책임진다.

다른 세상으로 진입, 이것은 세 가지의 자율권을 의미했다. 바로 시간과 공간, 그리고 일에 대한 자율권이다. LG유플러스에서 전문위원으로 일하는 지금 나는 시간과 공간의 자율권을 보장받는다. 일반 정규직 직원은 주 52시간이 넘으면 승인을 받아야 하지만, 나는 원하는 만큼 근무할 수 있고, 원하는 공간에서 근무할 수 있다. 무엇보다 가장 중요한 자율권은 '일'에 있다. 새로운 프로젝트를 발의하고 그 일을 할 사람들을 꾸리고 비용을 조율하고 일정을 짜 프로젝트를 완성하는 과정을 총괄한다.

이렇게 시간과 공간, 그리고 일에서 자율권을 갖게 된다고 해서 모든 것에서 자유롭기만 한 것은 아니다. 자율권에는 책임이 따른다. 즉, 내가 내 성과를 직접 책임져야만 한다. 단 하루도 정시 출퇴근을 하지 않아도 회사에서 가장 큰 성과를 낼 수 있다면 다음 승진은 내 것이 될 것이다. 그러나 매일 출근하고 열심히 일해도 성과를 내지 못하면 내가 사랑하는 회사에서 내 자리는 없어질 수 있다는 사실을 이 커리어의 세상에서 매순간 깨달아가고 있다.

나는 안정보다는 변화, 순행보다는 역행, 남의 눈치를 보기보다는 내 중심으로 커리어를 쟁취하며 성장해 왔다. 그 덕에 내 바운더리는 제조업에서 금융업으로, MBA에서 디자인학 석사Design Studies로 확장해 지금은 디자인 씽킹 방법론의 전문가로 역량을 더 뻗어나가고 있다. 아직은 가야 할 길이 멀지만 커리어 앞에서 주저하고 있는 많은 이들을 보면서 내 이야기가 조금이나마 도움이 되기를 바라는 마음에 최대한 솔직하게 글을 썼다.

하염없이 직장 상사 눈치만 보며 끌려다니던 시절에서 시작해(1부), 지난 5년간 나의 커리어를 비약적으로 성장하게 만든 여섯 가지 요인을 구체적으로 담았다(2부). 컬럼비아 MBA 신입생 공식 멘토로 활동했고 LG유플러스에서 수많은 뉴비들의 커리어를 상담했으며 독서클럽에서 커리어 수업을 이끌어 오면서 쌓은 직장 생활과 커리어에 관한 나의 노하우를 풀어냈다(3부). 지금 책을 읽고 있는 여러분 중 나의 이런 이야기가 자신의 가치관에 맞지 않는 이도 분명 있을 것이고, 나보다 더 훌륭히 성장하고 있는 직장인도 많을 것이다. 그렇다면 예전의 내가 수많은 조언에 등돌렸던 것처럼 과감히 나의 성장 공식을 거절하기를 바란다.

지금까지 나는 일터의 현장에서 수천 명이 넘는 사람들을 만나왔다. 그들은 대부분 평범해 보였지만 자기만의 강점을 품은 이들이었다. 그중에는 몇 년 후 만났을 때 비약적으로 성장해 있는 경우도 있었다. 적어도 이 책에 호기심이 생기는 사람이라면 자기 일을 사랑하고 더 나은 방향을 찾고자 고민하고 있을 테다. 여러분이 자기답고 또 행복하게 커리어 '무브 업'할 수 있기를 바라며 이 책이 작은 가이드가 되기를 바라본다.

2023년 9월 성일레인

이 책의 시작과 끝을 함께한 다산북스의 이여홍 님께 특별히 감사 인사를 전한다. 글을 쓰다가 힘들어지면, 엄마 아빠 집에서 한두 시간 힐링의 시간을 가졌다. 세상의 안전가옥 중에서 가장 따뜻한 곳을 만들어주셔서 감사하다.
2023년의 모든 휴가와 주말을 '글쓰기 시간'이라고 우긴 나에게 묵묵히 고개를 끄덕여준 소울메이트 조창희 님에게도 사랑을 전한다.
마지막으로 집필에 많은 영감을 준 LG유플러스 동료들을 포함해, 직장인들이여! Let's move up together!

차례

PART 1. 커리어에도 변화구가 필요하다

1장 완만한 성장으로는 성공할 수 없다

2장 커리어에 변화구를 만든 사람들

PART 2.
변화구를 만드는
6가지 커리어 습관

PART 3.
성장과 성공을 잡는
일레인의 커리어 상담소

☑ Move Up을 시작하기 전 체크리스트 1

• Move Up 밸런스 게임

1	회사 내에서 나의 이름을 아는 사람이 절반 이상이다.	√	절반 이하이다.	√
2	회사 내에서 내가 무슨 일을 하는지 아는 사람이 절반 이상이다.		절반 이하이다.	
3	회사 내에서 내가 업무를 시작하고 주도하는 편이다.		다른 사람이 시작하고 주도한 업무를 진행하는 편이다.	
4	회사 내에서 내가 하는 업무가 오늘 사라진다면, 내일 다른 사람을 기용해서라도 마무리해야 한다.		내가 하는 업무가 오늘 사라져도 몇 달은 다른 사람을 기용할 필요는 없다.	
5	회사 내에서 나에게 부탁을 하는 사람이 더 많다.		내가 부탁해야 하는 사람이 더 많다.	
6	회사 내에서 나의 일을 내가 책임진다.		다른 사람들이 책임진다.	
7	회사 내에서 내가 의사 결정하는 일이 더 많다.		다른 사람들이 나의 업무에 대해서 의사 결정한다.	
8	회사 내에서 다른 사람들이 나의 시간에 맞춰주는 편이다.		다른 사람들의 시간에 나를 맞추는 편이다.	
9	회사 내에서 나를 만나고 싶어 하는 사람들이 더 많다.		내가 만나고 싶은 사람들이 더 많다.	
10	회사 내에서 나에 대한 악플(뒷담화)이 있는 편이다.		나에 대해서 사람들이 악플(뒷담화)을 하지 않는다.	
11	회사 내에서 나는 보고를 받는 사람이다.		나는 보고 자료를 만드는 사람이다.	
12	회사 내에서 나의 안위를 궁금해하는 사람이 많다.		나의 개인적인 생활에 대해서 아무도 궁금해하지 않는다.	

13	회사 내에서 내가 휴가를 썼을 때 혹은 부재 중일 때 나에게 연락을 시도하는 사람들이 있다.	나에게 연락을 시도하는 사람들이 없다.	
14	회사 내에서 나에게 의견을 물어보는 사람들이 많다.	객관적인 팩트에 대해서 확인하는 사람들이 많다.	
15	회사 내에서 내가 하는 일이 바깥으로 알려지면, 회사에 피해가 갈 것이다. 내가 하는 일은 극비이다.	내가 하는 일이 바깥으로 알려져도, 아무 파장이 없다. 그 어떤 기자도 내가 하는 일을 궁금해하지 않는다.	
16	내가 하는 일의 일정을 내가 짠다.	다른 사람들의 일정에 맞춰서 일한다.	
17	최종 의사 결정의 이유를 안다.	최종 의사 결정의 이유를 모른다. 통보만 받을 뿐이다	
18	내가 들어가지 않으면 회의를 시작하지 않는다.	내가 없어도 (내가 조금 늦어도) 회의는 시작된다.	
19	다른 사람들이 나의 일정을 궁금해한다.	다른 사람들이 나의 일정을 궁금해하지 않는다.	
20	일주일에 두 번 이상은 업무와 직접적인 연관이 없는 사람과 티타임이나 식사를 한다.	업무와 직접적인 연관이 있는 사람들과만 티타임이나 식사를 한다.	
21	나는 회사를 당장 나오더라도, 내 연봉을 유지할 수 있다.	내 연봉을 유지할 수 없다.	

결과 전자의 개수 확인하기

15개 이상 당신은 이미 Move up을 달성한 세상에서 살고 있습니다.

10~14개 당신은 Move up을 차근차근 진행하고 있는 단계입니다.

6~9개 당신은 Move up을 이제 막 시작한 단계입니다.

0~5개 당신은 Move up을 시작해야 할 단계입니다.

☑ Move Up을 시작하기 전 체크리스트 2

1 회사에서 처음 메일을 보내는 상대에게 메일을 보내기가   .

___

2 회사에서 처음 전화를 거는 상대에게 전화하기가   .

___

3 회사에서 처음 미팅을 하는 상대에게 미팅을 제안하기가   .

___

4 회사에서 처음 만나는 사람에게 전화로 나를 소개했을 때, 그 사람이 나를

   .

___

5 내가 오늘 당장 회사를 그만둔다면, 사람들이   .

___

6 다른 사람이 내 미팅에 30분 이상 늦는다면, 나는   .

___

7 내가 주도하는 일에는 다른 사람들의   필요하다.

___

8 회사는 나의   을(를) 펼치는 무대이다.

___

9 회사는 나의   을(를) 필요로 한다.

_____

10 회사는 나의   을(를) 보장해 준다.

_____

1~3 두렵다면 Move up 전단계, 거침없다면 Move up 실행단계

4 나를 모르거나 싫어한다면 Move up 전단계, 반가워한다면 Move up 실행단계

5 다른 사람들이 나의 퇴사에 별 반응 없다면 Move up 전단계, 아쉬워한다면 Move up 실행단계

6 내가 다른 사람들에게 싫은 소리를 할 수 없다면 Move up 전단계, 있다면 Move up 실행단계

7 다른 사람들의 승인이 필요하면 Move up 전단계, 다른 사람들의 도움이 필요하다면 Move up 실행단계

8 회사가 나를 괴롭게 하는 상대라면 Move up 전단계, 꿈, 희망, 행복 등을 펼치는 무대라고 생각한다면 Move up 실행단계

9 회사가 내게 원하는 것이 기본적인 시간 또는 출퇴근이라면 Move up 전단계, 나의 창의력이나, 나의 의지 등이라면 Move up 실행단계

10 회사가 월급 등 아주 적은 것만을 보장해 준다면 Move up 전단계, 더 많은 것을 제공해 준다면 Move up 실행단계

PART 1.

커리어에도
변화구가
필요하다

MOVE
UP

1장

완만한
성장으로는
성공할 수 없다

나는 어떻게 30대에
대기업 전문위원이 됐을까?

많은 학생이 그랬겠지만 나 또한 학교에 다닐 때는 왜 학교에 다녀야 하는지 이해하지 못했다. 그냥 공부하라고 하니까 공부하고, 시험 보라고 하니까 시험 보고, 좋은 대학교에 가야 한다고 하니까 미래에 무엇을 할까 고민하지 않고 원서를 내고 대학교에 다녔다. 취업 또한 그 연장선상이었다. 학교처럼 취업도 당연히 해야 하는 것이라 생각했다.

2005년 1월부터 시작된 나의 직장 생활은 큰 변화구 없이, 완만한 직선 그래프를 그리는 형태였다. 남들과 비슷하게 대리로 승진할 때 대리가 되고, 과장으로 승진할 때 과장이 되고, 팀장으로 승진할 때 팀장이 됐다. 그렇게 12년이 지났고 나름 소비재 브랜드의 전문가가 됐다고 자신했다. 반면에 연봉 인상률과 물가상승률은 대동소이했다. 2005년에는 연봉이 3천만 원이었고 2017년에는 6천만 원이었다. 숫자만 보면 두 배 상승한 것이지만 인상률을 따지고 보면 매년 5~6%씩 올라간 수준밖에 되지 않았다. 승진도 빠른 것처럼 보였지만, 출산휴가 때 한 번 승진에 떨어졌고 육아휴직 때 한 번 더 떨어졌기 때문에, 따지고 보면 남자 직원들과 비슷한 속도의 승진이었다.

2017년에는 당연하게 생각했던 승진에서 떨어졌고 이때 처음으로 왜 나는 그동안 인정받지 못했는지를 고민했다. 학교에 다닐 때는 사람들의 기대치가 낮아서 오히려 그에 반응하기가 쉬웠다. 부정적인 의견으로 나에게 충고하는 사람들의 말과 기대에 귀를 닫고 묵묵히 나의 길을 갈 수 있었다. 하지만 회사는 달랐다. 회사에서는 상사가 나를 평가하기 때문에 그들의 충고를 무시할 수도, 내 뜻대로 할 수도 없다. 그렇게 12년 동안 상사가 정해준 범위 안에서만 일했다. 상사가 정해준 나의 커리어에서 최우선은 상사의 안위였다.

상사를 위해 야근하고, 상사를 위해 회식을 하고, 상사를 위해 불의도 참았다. 한 동료가 나에 대한 악의적인 소문을 내며 흡연 장소에서 공공연히 내 명예를 훼손했다. 그런 소문이 돌고 있다는 것을 회사에 알렸지만, 상사의 권고로 그 일을 덮기로 했다.

"미안해. 그래도 걔가 일을 잘하니까 이번에는 그냥 넘어가자."

앞으로 브랜드도 론칭하고 매출도 올려야 했다. 당시의 나는 내 명예보다는 팀워크가, 정의보다는 승진이 우선이었다. 하지만 돌아온 답은 "올해는 G6(사업부장급)이 힘들 것 같네. 미안해"였다.

결국 회사 상사는 내 미래를 책임지지 않는다. 그들이 하는 이야기, 그들이 시키는 일을 계속해야 하는가를 처음으로 고민한 2017년이었다.

승진에 실패했다는 결과를 통보받았을 때, 상사에게 이후 커리어 스텝에 대한 조언을 구했다.

"나이가 어려서 승진에 떨어진 거야. 내년에는 될 거야."

"성과가 좀 더 구체적이면 좋을 것 같아."

"회사에 좀 더 집중하는 모습을 보여주면 좋을 것 같아."

상사는 이런저런 의견을 냈지만, 지금까지 내가 해온 일을 무시당하는 기분만 들 뿐이었다. 나이는 내가 어쩔 수 없는 것이며 능력만 있으면 파격적인 승진을 하는 사람도 많다. 성과도 꾸준하게 이루어왔다. 내 몸을 갈아가며 회사에 집중하고 상사에게 충성했지만 돌아오는 말은 뻔하디뻔한 조언뿐이었다. 어차피 상사는 나의 커리어를 책임질 수 없는데, 상사가 하는 이야기가 무슨 의미인가. 얼핏 들으면 부하에게 하는 충고처럼 들리지만, 결국은 자신이 편하게 일하기 위해서 부하 직원의 바운더리를 결정하는 것으로밖에는 보이지 않았다.

태국에서는 코끼리를 사육할 때 아기 코끼리를 작은 막대기에 묶어둔다. 코끼리는 아무리 움직여도 막대기로 정해진 바운더리를 넘을 수 없다는 걸 알게 되고 점차 더 넓은 곳으로 가기를 포기해 버린다. 시간이 지나 코끼리는 몸집이 커진다. 이제는 막대기에서 벗어날 수 있지만, 코끼리는 그 바운더리에 익숙해져서 더 이상 벗어나지 못한다.

마치 내가 그 코끼리가 된 듯했다. 그런 상황이 돼서야 학창 시절에 다른 사람들이 그어놓은 나의 바운더리를 깼던 것처럼, 상사가 정해준 나의 커리어 바운더리를 깨야만 한다는 것을 알게 됐다. 상사가 하는 모든 말을 뒤집어 보기로 했다.

그리고 스스로 나의 커리어를 새롭게 그리기 시작했다.

"나이는 문제가 아니야. 최연소 팀장도 했는데, 최연소 사업부장은 왜 안 되는 거지?"

"성과가 구체적이지 않은 사람도 사업부장이 됐는데, 왜 내가 이런 평가를 받아야 하지?"

"나는 워라밸도 없이 회사에 충성했는데 왜 승진에서 떨어졌지?"

"제길, 그건 네 생각이고!"를 외쳐야만 커리어는 파괴적으로 성장할 수 있다. 내 바운더리는 스스로 정하고, 내가 가야 할 길 또한 스스로 정해야지만 성공할 수 있다.

2017년 CJ를 퇴사하겠다고 결심했을 때 내 연봉은 6천만 원이었다. 이후 5년이 지난 지금, 나는 몇 배 이상의 연봉 인상과 대기업 최연소 전문위원이라는 자리에 오르게 됐다.

이런 파격적인 커리어 변화는 주변 사람들에게 시기와 의문을 불러일으키기도 했다. "어디서 왔길래 연봉이 이렇게 높아?" "도대체 무슨 능력을 가졌길래 이 연봉에 모셔온 거야?" 등의 이야기가 떠돌아다닌다는 걸 알고 속이 편하지만은 않았다. 친구들 또한 "너 나랑 같은 신입 공채였잖아. 그런데 너는 어떻게 그렇게 연봉이 높아?" "나도 연봉 좀 높이고 싶은데 어떻게 해야 할지 모르겠어. 팁 좀 줄 수 있을까?"
라며 정보를 얻기를 바랐다. 나의 커리어가 인정받고 있다는
것만은 사실이었기에 큰 위안이, 아니 더 큰 동기부여로 돌
아오는 듯했다.

지금 나는 사장단에 디자인 씽킹Design Thinking 방법론 수업
을 가르치는 첫 번째 사내 강사로 활동하며 회사 내외 30여
개의 신사업에 조언하는 업무를 책임지고 있다.

어떻게 이런 일이 가능했을까? 그 첫걸음은 세상이 나에게
하는 조언을 듣지 않는 것부터 시작한다. 물론 나에게 조언
하는 이들도 나름의 성공을 이루었고 그들의 방법이 오답이
라는 것은 아니다. 하지만 기존 세대의 성공 공식을 문화도,
산업도, 생각의 방식도 완전히 달라진 지금 세대에 대입하는
것은 맞지 않다.

내 커리어 그래프를
바꿔라

안정보다 성장을 선택하라

세상은 우리에게 많은 조언을 쏟아낸다. 그 많은 조언의 대부분은 자기합리화를 위한 것이다. 한 회사에서 오래 근무한 사람은 최우선의 가치로 안정을 내세우는 경향이 있다. 하지만 커리어를 바꾸기 위한 첫 번째 방법은 안정보다 성장이다.

한 상사가 있었다. 그 상사는 야근을 너무 오래해서 실신한 적도 있었지만 대기업에 입사했다는 자부심 하나로 오랜 기간을 버텼다. 정년이 보장된 공무원 같은 직장이 최고라고 말하는 사람도 있었다. 내가 다녔던 한 회사는 "신이 숨겨놓은, 신도 모르는 신의 직장"이라고 할 정도로 연봉이 높았고 워라밸이 탄탄했으며 업무의 강도는 적당했다. 20년 이상 근무 후 정년퇴직을 한 직원도 있었는데 그는 다시 회사로 돌아와서 계약직으로 계속 일했다. 그만큼 퇴사라는 단어조차 생소했던 회사다. 하지만 나는 입사 1년도 안 돼서 퇴사를 결정했다. 그 회사를 10년째 다니고 있었던 동료 직원은 "이렇게 좋은 회사를 왜 그만둬? 정년이 보장되잖아"라고 말했다. 과연 정년이 보장되는 것이 좋기만 한 걸까? 무엇인가를 도전하려고 하면 다들 편하게 머물고 싶어 주저하는 문화인데?

당시 상사에게 일대일 면담을 신청했다. 그도 안정적인 회사를 왜 이렇게 빨리 그만두냐고 질문했다. "이 회사에서는 제가 도전하거나, 새로운 판을 벌리는 것이 어려울 것 같아요"라고 내 마음을 솔직하게 말했다. 정년보다 중요한 것은 나의 성장이다. 성장하지 못하면 몸은 출근하지만 마음은 도태되는 역성장을 경험할 수밖에 없다.

새로운 분야로 확장하라

커리어를 바꾸기 위한 두 번째 방법은 새로운 분야로의 확장이다. 보통 자기 계발서에서는 한 분야의 집중을 강조한다. 몰입과 집중이 업무 능력을 올리고 잠재 능력을 끌어낸다는 것이다. 몰입으로 생산성을 높이는 것은 단 하나의 업무를 할 때 유리하다. 다양한 실무가 모여 창조적 진화가 필요할 때는 하나에만 몰입하기보다는 다양한 역량이 필요하다. 그리고 하나의 업무를 충분히 터득하면 과감히 다른 업무를 향해 나아가야 한다.

나는 컬럼비아 MBA 2학기 차에 들어서며 새로운 것을 배워야겠다고 결심했다. MBA에서 스타트업 방법론을 통해 실제 사업을 론칭하는 경연대회에 참여했고 결과는 혹독했지만 그 과정에서 디자인 씽킹을 배우기로 마음먹고 역량을 확장했다. 디자인 씽킹은 적은 자본으로 하나의 서비스를 기획하는 방법으로, 놀랍게도 경영학도들이 만들어낸 실용 학문이 아니라 디자이너들이 만들어낸 실용 학문이다. 디자이너가 상품을 고객 중심으로 디자인하는 것에서 시작해 고객 중심으로 빠르게 상품을 만들어내는 스타트업에 주로 접목된다.

그래서 MBA를 마치자마자 하버드 디자인학 석사 과정에 진학했다. 하버드 대학원에서 경영학, 심지어 MBA까지 졸업한 사람은 우리 학과생 수십 명을 통틀어 나밖에 없었다. 하지만 한 분야에서 아쉬움이 남을 때마다 새로운 길로 확장한 덕분에 디자인 씽킹 방법론의 전문가가 될 수 있었다.

새로운 분야로 확장할 때도, 새로운 업계에 도전할 때도, 나의 선택에 대해 조언으로 포장한 부정적인 의견이 많았다. 화장품 제조업으로 전문성을 깊이 파는 것이 어떠냐며 "송충이는 솔잎을 먹어야 한다"라는 말을 들었지만 과감히 투자업, 벤처업으로 직업을 바꾸는 것을 결정했다. 처음 디지털 전환이 시작되던 시점에는 제조업의 판매 루트가 디지털로 전환되면서 아름다운 성공 가도를 달리는 듯 보였지만, 이내 제조업의 한계를 맛보았다. 우리가 정말 제조업을 스마트 팩토리화할 수 있을까? 오히려 처음부터 새로 짓는 건 속도가 빠르다. 하지만 전환은 이전 세대의 저항을 견뎌내야 하기 때문에 더 느리다. 제4차 산업혁명, 제5차 산업혁명이 다가온 시대에 제조업은 아직도 크게 변하지 않고 있음이 통탄스러웠다. 도태되는 사양산업에 속해 있을 것인가? 아니면 새로운 국면을 맞이하고 있는 투자업과 벤처업에 뛰어들어 새로운 이야기를 만들어갈 것인가? 그리 어려운 결정은 아니었다.

분야뿐만 아니라, 원 잡One Job을 강조하던 이들도 많았다.

심지어 대학원 동기들은 "대학원 과정에만 집중하지 그래?"라고 했지만, 나는 대학원 내내 두 개의 풀타임 잡Full-Time Job을 하고 있었다. 코로나로 원격수업이 가능해졌을 때는 한국에 머무르며 낮에는 일을 하고 저녁부터 새벽까지 원격수업을 들었다. 겨우 두세 시간 쪽잠을 자고 다시 출근하는 생활을 반복했다. 회사 내에서는 그 누구도 내가 대학원을 다니고 있는 것을 눈치채지 못하게 완벽하게 일했다. 결국 내 바운더리는 제조업에서 금융업으로, MBA에서 디자인 씽킹 방법론으로 점점 더 넓은 분야로 뻗어나갔다.

정확하게 한 분야에 몰입해야 할 시기도 있지만 풍성하게 경험을 넓혀가는 것은 확실한 자산이 된다. 비몰입적 경험 확장이 새로운 세계로 나아갈 수 있는 기회를 마련해 준다.

숫자의 함정에 빠지지 말라

커리어를 바꾸기 위한 세 번째 방법은 숫자보다 성장에 집중하며 직장을 선택해야 한다는 것이다. 사람들은 한 회사를 평가할 때 연봉, 퇴사율, 직원 수, 업계 등수 등을 근거로 그 회사를 쉽게 단정한다. 연봉은 모든 사람의 1순위 관심사지만 연봉에 너무 집중하기보다는 내가 성장할 가능성이 있는지를 고려해야 커리어가 파괴적으로 바뀔 수 있다.

나와 친했던 동료 중에 내 연봉을 속속들이 다 알던 사람이 있었다. 내가 500글로벌과 한 외국계 기업 중에서 이직을 고민할 때, 그는 높은 연봉의 외국계 회사로 이직을 권했다. 굳이 연봉과 직책을 낮춰서까지 500글로벌에서 액셀러레이팅Accelerating 업무를 해야 하냐고 물었다. 그때 나는 과감하게 꼭 해야 한다고 말했다. 나의 직감이, 나의 다음 성장 그래프는 500글로벌에 있다고 말했기 때문이다. 결국 500글로벌로 이직했고 디자인 씽킹 방법론을 마음껏 펼칠 수 있었으며 커리어는 더욱 성장했다.

사람들이 쉽게 오해하는 숫자 중에 업계 순위가 있다. 업계 순위는 참 우스꽝스러운 것이다. 내가 아모레퍼시픽에 근무했던 시점은 아모레퍼시픽이 업계 1위이던 시절이다. 당시 LG생활건강에서 일했던 지인이 있었는데, 아모레퍼시픽에서는 어떻게 일하는지, 어떻게 그렇게 많은 히트 상품을 낼 수 있는지를 계속 물어봤던 기억이 난다.

나중에 LG생활건강으로 회사를 옮기고 수 년 뒤 LG생활건강이 업계 1위가 됐다. 이제는 아모레퍼시픽에서 함께 근무했던 지인들이 최근에 낸 신제품이 너무 좋다며, 팀워크가

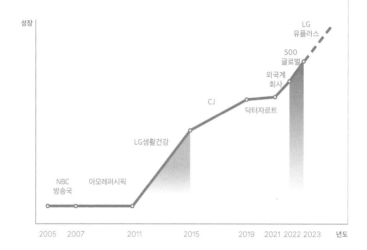

나만의 커리어 그래프를 그리는 법

· 가로축은 일을 시작한 시점부터 지금까지의 기간을 표시한다.
· 변화가 많았던 구간은 좀 더 자세하게 표시한다.
· 세로축은 성장으로 잡고 내가 얼마나 성장했는지 객관적으로 표시해 본다.
· 커리어 그래프는 나의 성장 곡선을 한눈에 볼 수 있다. 성장하지 못한 부분을 반추하고 가파르게 성장하는 곡선을 그리는 것이 핵심이다.

성장

LG
유플러스

500
글로벌

외국계
회사

CJ

닥터자르트

LG생활건강

NBC
방송국

아모레퍼시픽

2005 2007   2011   2015   2019 2021 2022 2023   **년도**

부럽다며, 신제품을 어떻게 기획하게 됐냐며 연락이 오기 시작했다. 모두가 업계 1위를 부러워하지만 이는 영원한 것이 아니다. 나는 지금 만년 통신업계 3위(세 개 업체밖에 없으니까 꼴등이라고 놀림받는다) 회사에 다니지만, 내가 일하는 방식은 업계 1위나 2위보다 새롭다고 자부한다. 나는 1, 2위 중 한 업체에서 대학교 인턴 생활을 했었는데, 보수적인 기업문화 때문에 도전 의욕조차 잘 생기지 않았다. 그러니 업계 순위가 커리어 선택에 우선 조건은 아니다. 일에 대한 열정을 얼마나 펼칠 수 있는지, 자신의 커리어를 얼마나 성장시킬 수 있는지가 중요하다.

2장

커리어에
변화구를
만든 사람들

사람들의 편견에
저항하라

대학원에 다닐 때 들었던 수업 중 쉬나 아이엔가Sheena Iyengar의 강의는 내 인생을 바꿀 만큼 강렬했다.

쉬나는 청소년기에 색소성 망막염을 앓으며 시력을 잃었고 앞을 전혀 보지 못하게 됐다. 주변 사람들은 쉬나에게 이제 그는 무언가를 이룰 수 없다고, 할 수 있는 일이 아무것도 없다고만 말했다.

"앞을 볼 수도 없는데, 저 아이는 공부를 못 할 거야."

"저 아이는 대학도 갈 수 없을 거야. 간다고 해도 취직도 힘들겠지."

"인도계 여자애니깐 그냥 인도로 되돌아가지 않겠어?"

사람들은 온갖 동정과 인종차별적인 발언까지 서슴치 않았다. 하지만 쉬나는 모두의 예상과 달리 아이비리그에 진학했고 박사 과정까지 완료했다. 지금은 심리학과 경영학을 접목한 소비자 행동Consumer Behavior의 대가가 됐다. 또한 컬럼비아 대학교 경영학과 정교수이고, 여러 권의 경영 서적을 낸 베스트셀러 작가이면서 많은 조회수를 기록한 TED 강연의 주인공이다.

쉬나는 학생들에게 '보통 사람'과 '비범한 사람'에 대해서 이야기해 주었다. 비범한 사람은 보통 사람은 경험하지 않은 것을 가지고 있는데, 바로 저항Resistance이다. 누군가가 "넌 이래서 안 될거야"라고 말할 때 비범한 사람들은 그들의 말이 틀렸음을 몸소 보여준다. "안 되긴 뭐가 안 돼. 네가 나에 대해 뭘 알아." '저항'은 나의 어린 시절 성장의 핵심이기도 했다.

나는 내가 뒷심을 발휘하는 사람이라는 것을 어렴풋이 알고 있었는데, 그의 수업은 내가 파괴적으로 성장할 수 있는 사람이라는 확신을 주었다.

컬럼비아 대학교에도 MBA가 있는데, 또 다른 석박사 과정

성장의 두 가지 방향

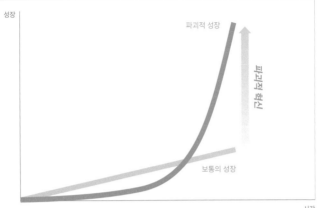

을 하러 굳이 뭐 하러 하버드 대학교에 가냐고 남들이 나에게 염려했을 때, 쉬나는 자신의 길을 가라고 응원해 준 몇 안 되는 사람이었고, 추천서까지 써줬다. 그가 써준 추천서의 정확한 내용은 알지 못하지만, 그가 요약해 준 내용은 다음과 같다.

"일레인은 항상 저항하는 마음을 가지고 있어. 세상에 몇 안 되는 비범한 사람 중 하나지."

겉으로 보기에는 평범해 보였지만 어느 순간 갑자기 성장하는 케이스를 우리는 파괴적 혁신이라 부른다. 보통의 성장은 완만한 직선 형태인데, 파괴적 혁신은 비약적 성장을 보인다. 두 종류의 성장은 시작점이 같다. 파괴적 성장은 오히려 낮은 성과를 내며 지지부진하다가 어느 순간 폭발적으로 터진다. 이때를 기준으로 성장에 가속도가 붙는다. 결국 보통의 성장에서는 경험하지 못하는 경지에 이를 수 있다.

커리어에 변화구를
만든 사람들

세상에는 스스로 커리어에 변화구를 만들며 파괴적으로 성장하는 사람들이 있다. 이들은 처음에는 드러나지 않지만 어느 순간 자신의 저력을 드러낸다. 사람들은 이들의 시작보다는 끝, 즉 역주행, 뒷심, 막판 뒤집기, 역전을 기억한다.

제도권에서 벗어나야 한다

커리어에 변화구를 만드는 사람은 제도권에 도전한다. 온라인투자연계금융업체 1호 기업인 렌딧의 김성준 대표도 파괴적인 성장을 경험한 사람이다. 김성준 대표는 사업 아이템을 시작하려고 은행에서 돈을 빌리려고 했는데, 빌릴 수가 없었다. 담보나 보증인이 있어야만 했기 때문이다. 결국 돈을 빌리지 못한 그는, 한국 사람들의 가장 큰 페인 포인트Pain Point는 대출이 어렵다는 점이라고 생각했다. 그는 '돈을 빌리는 것을 더 쉽게 하자'는 아이템으로 방향을 바꾸었고, 한국 최초의 P2PPerson 2 Person 사업을 시작했다. P2P 사업은 개인 간 금융이 가능한 사업으로, 그렇게 시작한 것이 렌딧이다. 지금의 렌딧은 금융권의 규제도 풀리고 있어 사업성이 더 좋아졌다.

거절을 거절해야 한다

커리어에 변화구를 만드는 사람은 계속 거절당해도 도전한다. 렌딧의 김성준 대표와 함께 세상의 금융 시장을 바꾸겠다고 뛰어든 사람이 있다. 렌딧의 이미나 이사다. 이미나 이사는 지금까지 약 열 개 기업의 창업 멤버였는데, 이곳 모두 우리가 알 만한 IT계의 거물 기업이다. 얼마 전 이미나 이사가 LG유플러스의 멘토로 추천한 이를 만난 적이 있다. 트레바리의 COO 양주영 님으로 토스의 초창기 세팅 COO를 역임하기도 했다. 그에게 매번 사업을 세팅할 때 어떠한 원동력을 가지고 일하느냐고 물었다. 그는 토스와 트레바리에서 매일 거절당했지만 언젠가는 될 것이라고 믿으며 '거절을 거절하는 마음'으로 일했다고 한다. 우리는 그것을 기업가 정신Entreprenuership이라고 부른다. 여러 번 거절을 당하다 보면 결국 포기하게 된다. 하지만 그는 거절을 거절하고 "이렇게 계속 거절당하다니, 곧 되겠구나! 끝이 멀지 않았어!"라는 마음으로 다시 한번 도전했다. 그 집중력과 끈기가 남들과 다른 기업가 정신을 보여준다. 결국 토스는 은행과 제도권의 수많은 거절 후에 IBK기업은행 영업이 성공하면서 지금 우리가 아는 토스가 됐다.

꾸준하게 도전해야 한다

커리어에 변화구를 만드는 사람은 늦게 시작해도 꾸준하게 도전한다. 이런 사람들의 특징 중 하나는 창업가나 창업 멤버가 아니라도 신사업에서 두각을 드러낸다는 것이다. 처음 아모레퍼시픽에 입사했을 때, 이제 막 임원으로 아모레퍼시픽에서 회사 생활을 시작한 박수경 님을 만났다. 박수경 님과는 신입사원과 임원이 함께하는 댄스 퍼포먼스를 계기로 한 달 동안 매일 아침 8시에 만나야 했다. 우리는 매일 한 시간 동안 댄스를 준비해 사내 연말 파티에서 성공리에 공연을 선보였다. 박수경 님은 몸치라는 평계로 잘 따라가지 못하던 나에게 "일레인, 할 수 있어. 한 번만 더 해보자"라고 말하며 격려와 칭찬을 아끼지 않았다.

그 이후에도 회사 내에서 어려운 일이 있을 때마다 박수경 님을 찾아갔다. 어쩌면 그녀와 나의 공통점 때문이었다. 박수경 님은 박사 과정을 졸업하고 처음으로 회사 생활을 시작한 케이스였고 나 또한 미국에서 2년여의 직장 생활을 하고 중고 신입으로 아모레퍼시픽에 입사한 케이스였다.

박수경 님은 나에게 "조급해하지 말라"고 자주 조언했다. 회사 생활을 앞으로 30~40년은 할 텐데, 몇 년 늦게 시작했다고 큰 차이는 없다는 것이다. 지금 당장의 시작은 늦더라도, 꾸준하게 도전해야 한다는 것을 박수경 님에게 배웠다.

박수경 님은 2014년부터는 듀오 대표로 일하면서 새로운 길을 개척했다. 그가 듀오 대표로 취임한 2014년부터 듀오는 회원 수와 매출이 급격하게 성장했다. 2021년 기준으로 360억 원의 매출을 올리고 있다. 실질적으로는 인적 네트워크를 통해 매출을 올리고 있으니, 영업이익이 상당할 것이다. 듀오는 13년 연속 결혼정보회사 부문 한국브랜드대상을 수상했고, 2021년 소비자학회 소비자 대상, 2020년 대한민국 최고의 경영 대상 등 다양한 부문에서 수상하며 그 입지를 단단히 다져갔다. 지금은 온라인 매칭서비스와 데이트 앱의 출현으로 결혼정보회사가 설 곳이 없어 보이지만 만혼, 재혼 등을 또 다른 세분화 시장Market Segment으로 설정해 지속적으로 성장하고 있다.

기다림을 즐겨야 한다

커리어에 변화구를 만드는 사람은 기다림을 즐긴다. 컬럼비아 MBA 동기 중 눈에 띄는 남자 동기가 하나 있었다. 늘 나와 나란히 앉았던 라이언 록펠러라는 이름의 동기였다. 그가 눈에 띄었던 이유는 여유로움 덕분이었다. 그는 교수가 학생들을 무작위로 선별해 발표를 시킬 때도 여유가 있었다. 100페이지가 넘는 사전 과제를 아주 꼼꼼히 읽고 본인의 견해를 노트에 적어올 정도로 준비돼 있었기 때문이다. 마치 '이미 이긴 게임을 다시 플레이하는 느낌'의 여유로움이 몸에 배어 있었다.

한번은 라이언에게 "네 라스트 네임 말인데, 내가 NBC 다닐 때 일했던 건물 이름이었어. 미국에서 록펠러라는 성은 처음 보네"라고 했더니, 자신이 바로 그 유명한 록펠러가 사람이라고 답했다. 책이나 미디어에서나 보던 록펠러가 사람을 실제로 만나다니!

라이언은 당시 내게 두 가지 조언을 건넸다. 나는 한국과 미국을 매달 오가며 시차 때문에 무척 힘들어했는데, 그런 내게 자신의 노하우를 알려줬다. 첫 번째는 수업이 너무 벅차게 느껴진다면 시간을 쪼개 이기기Divide&Conquer 전략을 해보라는 것이었다.

"너는 유튜브를 몇 시간씩 보지 않아? 5분 유튜브를 30개 본다는 생각으로, 나만의 페이스를 즐긴다는 느낌으로 수업을 잘게 쪼개서 5분씩 즐겨봐. 그럼 어느새 수업이 끝나 있을 걸."

두 번째는 너무 졸릴 때는 뭐라도 발표하라는 것이다. 질문이든, 그냥 의견을 얘기하든 입 밖으로 말을 꺼내 참여하면 내 수업이 된다고 했다. 그의 조언대로 5분씩 즐기며 수업을 들었고, 졸릴 때마다 질문을 하다 보니 수업에서 많은 질문을 하는 학생 중 한 명이 되기도 했다.

졸업 이후, 라이언은 클리어드Cleared라는 알레르기를 전문으로 치료하는 온라인 클리닉 서비스를 스타트업했고 그 후 성공적으로 의료계의 공룡 LifeMD에 매각했다. 스타트업은 하룻밤의 성공이지만 그 성공이 5천 번째 밤에 일어나니 4천 999번의 밤을 어떻게 버틸 수 있을까 싶었다. 하지만 한 수업을 5분으로 쪼개서 즐기는 것처럼 작게 하루하루를 즐기다 보면 4천 999번의 밤이 지나갈 것이다. 라이언은 자신의 말처럼 하루하루를 성실히 살았다. 매일매일 일도 열심히 하고 딸도 낳았으며 휴가도 즐기고 가끔 온라인 동창회에 나와 스타트업 이야기도 들려줬다. 그는 짧은 시간들의 행복을 쌓아가며 스타트업의 유니콘을 만들어냈다.

비범한 사람을 주위에 두어야 한다

지금 당신 주변을 살펴보아라. 모두 안 된다고 할 때 된다고 말하는 사람, 한 번만 더 해보자고 격려하는 사람, 그런 사람들이 얼마나 있는가? 미처 인지하지 못했지만 주변에 그런 사람이 많다면 당신 또한 비범한 사람일 확률이 굉장히 높다. 만약 될 것 같은 일도 안 된다고 말하는 사람, 어차피 해봤자 실패할 거라고 말하는 사람이 많다면 나의 인간관계를 한번 돌아봐야 할 것이다.

나는 회사에서 사내 벤처를 심사하는 역할도 맡고 있다. 사내 벤처란 회사 내에서 같이 창업할 사람들을 찾아 창업 아이템을 제안하고 그것을 평가해 분사하는 과정을 말한다. LG유플러스에서 내 첫 번째 멘티였던 S님도 얼마 전 입사 동기들과 사내 벤처를 제안했고 좋은 평가를 받아 분사를 결정받았다. S님에게 어떻게 창업 멤버를 모았냐고 질문했더니, 신입사원 때부터 유독 자기와 잘 맞는 사람들이 있었고, 알고 보니 그들은 새로운 것을 좋아하는 성향이 강해, 자연스럽게 사내 벤처를 하자는 얘기로 대동단결했다는 것이다. 성장을 꿈꾸는 사람들은 같은 것을 추구하기 때문에 서로 끌리는 경우가 많다.

단돈 5천만 원으로 닥터자르트를 창업해 15년 뒤 에스티로더에 2조 원에 매각한 M&A계의 신화 이진욱 님도 늘 새로운 것에 도전하는 사람들이 자신을 둘러싼다고 말했다. 그리고 그런 사람에게서 영감을 받고 동기를 얻어 자신만의 길을 개척할 수 있었던 것이다.

지금도 나는 수많은 신사업을 육성하며 그 일에 열성적으로 매달리는 이들을 만난다. 누가 시키지 않아도 하나의 신사업을 열심히 계속하려는 팀원들이 있고 그 팀원과 발을 맞춰 함께하는 리더가 있다. 그 사람들에게 "무엇 때문에 이렇게 열심히 일하시나요?"라고 물어보면 "같이 일하는 사람들이 좋아서 어쩌다 보니 이렇게 하고 있어요"라는 답을 듣는 경우가 많다. 좋은 사람들과 같이 일하면 더 열심히 일하게 되고, 더 능동적으로 일하게 된다. 그리고 일을 열심히 하면 주변에 비슷한 사람이 모이는 선순환이 일어난다. 무엇이 우선이라고 말할 수는 없지만, 지속적으로 성과를 내는 집단에서 나타나는 특징 중 하나다.

파괴적 성장을 이룬
브랜드들

열심히 일하고, 즐겁게 일하고, 파괴적으로 성장하는 사람들이 만드는 브랜드 또한 그들의 모습과 닮아 있다. LG생활건강의 럭셔리 궁중 화장품 브랜드 '더 히스토리 오브 후'는 고전적이면서도 아름다운 이미지를 담은, 대한민국을 대표하는 브랜드다. 하지만 내가 후에 참여했던 2011년만 해도 아모레퍼시픽에서 만든 궁중 화장품 브랜드를 따라 만든 브랜드라며 고전을 면치 못했다. 그때는 매달 1일에 방문판매 대리점에 전화하는 것이 가장 큰 업무였다. 무릎만 꿇지 못했을 뿐 거의 비는 것이 전화의 목적이었다.

"담당님, 후 환유고 세트 열 개만 좀 받아주세요."

2011년에는 후의 브랜드 매출이 1500억 원 정도였다. 하지만 그로부터 4년 뒤 2015년에는 약 다섯 배 이상 성장한 8천 억을 돌파했고 연간 성장률은 세 자리를 기록했다. 2018년에는 국내 화장품 단일 브랜드 최초로 2조 원 매출을 돌파했다. 2015년을 되돌아보면 제품을 찍어내는 즉시 모든 물량이 완판되며 내가 맡았던 매장이 명품 브랜드 루이비통보다 물건을 더 많이 판 공로로 기네스북에 오르기까지 했다. 롯데면세점에서는 매출을 감사하는 의미로 공로상도 선물했다. 그때는 오히려 대리점에서 제품을 달라고 부탁할 정도였으니 4년 전과는 180도로 후의 위상이 높아졌다.

"후 브랜드 포장에 돌멩이만 들어 있어도 팔릴 정도예요. 빨리 제품 좀 만들어주세요."

브랜드가 기하급수적으로 성장할 수 있었던 이유는 브랜드를 만든 사람들의 뚝심과 믿음 덕분이었다. 다들 "너네가 뭐라고, 대한민국 최초의 한방 화장품도 아닌데 어떻게 1인자가 될 수 있겠어?"라고 할 때 우리는 대답했다.

"LG는 시작 자체가 화장품이었어. 그런 우리가 LG를 대표하는 화장품 브랜드 하나 못 만들까 봐?"

누군가는 단순하고 무식하다고 말할 수도 있겠지만 이런

마음가짐으로 일하니 무엇 하나 무서울 게 없었고 그 누구의 부정적인 말도 귀에 들어오지 않았다. 이것이 지금의 후가 파괴적으로 성공할 수 있었던 원동력이다.

CJ에서 일하면서도 여러 브랜드를 만들었는데, 그때 나와 함께 일한 팀원들이 만든 브랜드 중 하나가 오덴세다. 뷰티 브랜드 담당이었던 나는 셉과 더마플라츠, 그리고 르페르를 만들었고 라이프 스타일 브랜드 담당은 오덴세를 만들었다. 오덴세는 성공한 라이프 스타일 브랜드로 자리 잡고 백화점과 홈쇼핑에서 높은 판매고를 보이고 있다. 그렇게 한 팀에서 여러 브랜드를 만드는 작업을 했으니, 한겨울에도 새벽에 일어나 보고 자료를 만들고, 밤을 새워 광고 시안을 작성하고, 주말에는 홈쇼핑 방송에, 영업까지 도맡았다.

모두가 "홈쇼핑에서 PB Private Brand(자체 브랜드)를 왜 만들어?"라고 말할 때도 우리는 끄떡없었다. 왜냐하면 우리가 일하는 곳의 본사가 홈쇼핑일 뿐, 브랜딩에 있어서는 자신 있었기 때문이었다. 우리가 홈쇼핑이든, 글로벌 브랜드든, 그건 상관없었다. 단순하게 생각하면 된다. 우리가 해야 하는 일, 우리가 가야 하는 길을 묵묵히 가다 보면 우리를 필요로 하는 고객을 만날 것이라고 생각했다.

그때 브랜드 셉은 CJ 브랜드 중 처음으로 롯데백화점 두 곳의 1층 매장에 단독으로 입점했고, 곧이어 오덴세도 라이프 스타일 층에 입점하는 쾌거를 얻었다. 나중에 MBA에 가기 위해 CJ에 셉을 두고 나왔는데 결국 롯데백화점에서 퇴거했다는 이야기를 들었다. 무척 아쉬운 일이지만 당시 나와 우리 팀의 노력이 모여 그 이후에도 CJ의 다른 브랜드들이 백화점에 입점할 수 있었다고 생각한다. 앞으로도 CJ의 많은 브랜드가 백화점에 입점하고, 더 큰 성공을 얻는다면 내가 몸담았던 4년이 더 빛날 듯하다.

메가커피의 김대영 대표 또한 브랜드를 파괴적으로 성장시킨 사람으로 손꼽힌다. 김대영 대표가 비범한 사람이기에 그가 만든 메가커피도 그를 닮은 것이 아닌가 싶다. 처음 메가커피를 찾기 시작한 것은 작년부터였다. 지금 근무하고 있는 서울역에서 내가 즐겨찾던 브랜드 매장이 너무 멀어, 수많은 커피 브랜드를 시도하며 내게 맞는 커피를 찾고 있었다. 그러다 이도저도 입에 맞지 않아서 포기하려던 때, 마침 메가커피가 나의 커피 입맛을 사로잡았다. 김대영 대표는 "메가커피를 자꾸 저가 커피라고 하는데, 그 말이 기분이 나쁘다"라고 말했다. 메가커피는 맛있고 잘 만든 커피지만, 보다 많은 고객에게 다가가기 위해 좀 더 저렴한 가격에 제공하는 것뿐인데, 사람들이 '저가'에만 집중해 아쉬워했다. 그래서 그는 메가커피에서 또다른 모험을 시작했다. 바로 월드컵 시즌에 월드컵 영웅 손흥민을 모델로 기용한 것이다. 그는 손흥민을 내세우면서도 이 정도의 브랜드 성과를 기대한 것은 아니었다고 했다. 다만 "내가 생각하는 메가커피는 저가와는 다른 레벨Another Level이었으면 하는 바람을 담아 글로벌에도 통용될 것 같은 모델을 기용했다"라고 말했다.

커리어에는
결핍과 저항이
필요하다

세상에는 파괴적 성장으로 성공을 경험한 이도 있지만 그렇지 못한 사람도 많다. 하지만 후자의 사람들 또한 태어날 때부터 정해진 것은 아니다. 그들은 아직 그 기회를 만나지 못한 것일 뿐이다.

자, 어떤 사람이 성장할 수 있을까? 꼭 필요한 것이 하나 있다. 바로 결핍이다. "아니, 성장을 해야 한다면 모든 것이 충족돼야 하는 거 아니야? 왜 결핍이 필요해?"라고 생각할 수도 있다. 하지만 성장하기 위해서는 내부적으로도 외부적으로도 결핍이 필요하다. 내부적으로는 시간과 자원이 부족해야 하고 외부적으로는 인정과 지원이 부족해야 한다.

파괴적 성장을 위한 성향이 발현되려면, 마음 편하고 만족스러운 상태여서는 안 된다. 내부적으로나 외부적으로나 부족한 것이 있어야 저항하고 싶고, 이겨내고 싶고, 나아가고 싶은 마음이 발동한다.

내부

시간이 부족하면 ➡ 집중도가 높아져 남들보다 시간을 더 쪼개서 쓰게 된다. 꼭 필요한 일만 수행하고 중요하지 않은 일은 과감히 넘긴다.

자원이 부족하면 ➡ 당연한 이야기지만, 모든 것을 다 가질 수 없다. 정말 나에게 필요한 것을 선별하게 되거나, 더 많은 자원을 얻기 위해서 시간을 더 쪼개게 된다.

외부

인정이 부족하면 ➡ 인정받고 싶은 '인정 욕구'가 발현된다. 내가 어떻게 하면 더 인정받을 수 있을까 고민하고 대단한 일을 성취하고 보여주겠다는 결심이 생긴다.

지원이 부족하면 ➡ 다른 사람이 나를 도와주지 않기 때문에 혼자서 멀티 태스킹을 하게 된다. 모든 일의 흐름을 이해하고 작은 일에 대한 이해도도 높아진다. 어떤 일의 흐름을 완전히 이해하면 일에 가속도가 붙는다.

시간과 자원이 부족해야 한다

나는 컬럼비아 MBA와 하버드 석사 과정을 공부하면서 두 번 모두 풀타임으로 일을 했기에 늘 시간이 부족했다. 동기들이 술자리 모임과 해외 여행을 갈 때, 나는 회사에서 야근을 하고 출장을 갔다. 심지어 한국과 미국을 오가며 일과 공부를 병행했다. 2019년에 컬럼비아 MBA를 시작했는데, 그해에 미국과 한국을 오간 일정을 확인해 보니 정확하게 열 번이다. 매달마다 시차가 바뀌고, 한국으로 미국으로 날아다니면서도 학교 성적은 오히려 좋았고 회사에서는 M&A의 요직을 맡았다. 이렇게 바쁘게 살면서도 매일 운동을 했다. 다행히 회사 근처에 피트니스 센터가 있어서 점심시간을 틈타 50분 동안 수업을 하고 회사로 돌아오는 길에 샐러드를 먹었다.

"일레인, 학교와 풀타임 직장을 어떻게 병행하니? 그렇게 하다가는 회사에서 쫓겨나거나 학교에서 쫓겨나거나, 둘 다 일걸?"이라며 나의 능력을 의심하던 지인들의 이야기가 나에게는 오히려 힘이 됐다. 절대 그들의 말대로 되지 않겠다는 다짐으로 학업도, 회사도 지켰다.

돈이 부족할 때는 정말 많았다. 대학교에 다닐 때는 IMF 여파로 환율이 높았고 부모님이 빠듯하게 생활하며 학비를 보내셨기에 늘 용돈이 부족했다. 그래서 대학교 2학년 때부터는 학교 내 도서관과 교내 사무실에서 아르바이트를 하면서 용돈을 벌었다. 사실 그 용돈이 충분하지 않았던 적이 많았다. 다른 한국 유학생들은 주말마다 한국 식당에서 밥을 먹고 술을 마시고 노래방에 갔지만, 나는 아르바이트로 번 용돈으로 스웨트 셔츠 몇 개와 청바지 몇 개를 사는 게 더 중요했다.

내가 일해서 번 1달러가 이렇게 소중한데, 우리 아빠는 어떻게 한 학기에 몇천만 원씩이나 하는 학비와 기숙사비를 보내주시는 걸까 고마운 마음과 궁금한 생각이 들었다. 하지만 한 번도 "내가 포기해야 하나?"라고 생각하지 않았다. 나는 소규모 수업이 가능하고, 기술과 경영을 같이 가르친다는 카네기 멜론의 경영학과에 이미 매료가 된 터였다. 다른 선택권은 내 마음속에 없었다. 더 열심히 공부해서 상상하는 미래를 실현시키겠다는 다짐으로 대학교 2학년 때부터 올A

를 받으며 조기졸업을 했다.

우리 모두의 내부에는 저항의 마음이 자리 잡고 있다. 편안할 때는 그저 아무도 눈치채지 못하게 조용히 숨을 고르고 있다. 그런 저항이라는 놈은 무엇인가가 부족할 때, 현실에 안주하지 말라고 말하며 스물스물 올라온다. 그 순간이 바로 돈이 부족하고, 시간이 부족할 때다.

인정과 지원이 부족해야 한다

외부적으로는 인정과 지원이 부족할 때 저항이 나타난다. 우리는 다른 사람의 인정을 받으면 더 잘할 수 있다. 반면, 다른 사람들의 인정을 받지 못하면, 이 저항이라는 마음이 올라와서 나의 성장을 돕는다. 남들이 나를 무시할 때, 내가 실패할 것이라 생각할 때, 그때가 최적의 타이밍이다.

나는 인간만이 타인의 인정과 지원이 부족할 때 욱하고 일어날 수 있는 존재라고 생각한다. 보통의 물체는 어떤 외부의 힘이 한 방향으로 밀면 그대로 밀린다. 하지만 사람만이 어떤 외부의 힘이 한 방향이 맞는다고, 당신은 그 정도 수준이라고 무시할 때, 불끈하고 반대 방향으로 움직인다. 그러니 이 힘이 발현됐다면 반갑게 맞이해 성장으로 연결시키면 된다.

 지금까지 한번도 욱하거나 저항한 적이 없다면 당신의 내부적인 환경과 외부적인 환경이 너무 편안하고 만족스럽기 때문은 아닐까 생각해 보자.

PART 2.

변화구를 만드는
6가지 커리어 습관

MOVE
UP

3장

Unlisten
_ 가스라이팅과
멘토링을 구분하라

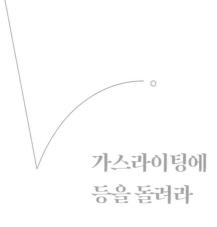

가스라이팅에
등을 돌려라

직장 생활을 하다 보면 타인의 시선이나 상사의 평가에 신경 쓰고 다른 사람의 눈치를 보느라 정작 자신이 뜻하는 바를 펼치지 못하는 사람들이 많다. 하지만 눈치 보지 않고 당당하게 내 목소리를 내며 일해야 한다. 왜 다른 사람의 말을 듣지 않아야 하는지를 이해한다면, 나를 위해 일하는 방법을 터득할 수 있다.

커리어에 변화구를 만들기 위한 시작은, 첫 번째 나에게 좋은 이야기와 나에게 나쁜 이야기를 나누고, 두 번째 내가 지금까지 들었던 가스라이팅을 내 안에서 무시하고, 세 번째 내가 나를 멘토링해야 한다.

가스라이팅의 사전적 의미는 "심리적 조작을 통해 타인의 마음에 스스로 의심을 불러일으키고 현실감과 판단력을 잃게 만듦으로써 그 사람에게 지배력을 행사하는 것"이라고 한다. 보통은 가족과 같이 가까운 관계에서만 가능하다고 생각하지만, 의외로 가스라이팅이 가장 빈번한 환경은 회사다.

나는 회사에서 일을 하면서 점차 현실감과 판단력과 자신감, 심지어 자존감까지 잃고 다른 사람에 의해 지배당하는 사람들을 많이 봐왔다. 이들은 자신을 위해 일한다고, 자신을 위해 돈을 번다고 생각하지만 사실은 다른 사람의 아바타가 돼 일을 하며, 나의 성장이 아닌, 다른 사람의 안위를 위해서 일하는 경우가 많다.

직장에서 가스라이팅이 일어나는 이유

직장은 가스라이팅이 제일 빈번하게 일어나는 곳이다.

하나, 우리는 회사에서 가장 많은 상호작용을 한다.

둘, 서로에게 변화를 일으키기 위해서 조언, 멘토링, 피드백을 지향한다.

셋, 상사가 구성원에게 조언하는 것이 당연하게 인정되고 허용된다.

가스라이팅이 일어나는 이유

한국은 미국보다도 가스라이팅이 더 만연하다. 다양한 이유가 있겠지만 가장 큰 이유는 세 가지 정도가 아닐까 싶다.

첫째, 한국은 '사적인 영역 vs. 공적인 영역'을 나누는 문화가 아니다. 미국 직장에서는 "결혼은 했느냐" "나이는 몇 살이냐"라는 등의 질문은 너무 사적이라서 금기시되고 있다. 나 또한 구성원들의 정확한 나이나 인종, 결혼 유무를 모르고 수개월 이상 함께 일했다. 하지만 한국은 사적인 영역과 공적인 영역을 혼동한다.

얼마 전 자신이 이혼했다고 밝힌 사람을 공적인 자리에서 평가할 일이 있었다.

"그 사람은 싱글 대디인데, 엄청 열심히 일하더라."

'싱글 대디'라는 사적인 영역과 '열심히 일한다'라는 공적인 영역이 연결돼 사적 원인이 공적 결과로 오해될 수 있다. 그를 칭찬하려고 한 말일 수도 있지만, 어쩌면 지나친 참견이 될 수도 있다. 싱글 대디에 대한 수많은 편견을 당연한 듯이 받아들이면, 그는 싱글 대디라는 편견을 뛰어넘기 위해 공적인 영역에서 사적인 영역까지 신경 써야 하는 처지가 된다.

미국에는 이와 정반대의 케이스가 수없이 많다. 전 세계에서 가장 부유한 사람을 뽑을 때 1~3위를 오르락내리락하는 테슬라의 일론 머스크는 숱한 염문으로 이혼을 한 상태다. 하지만 이런 불륜설은 가십을 다루는 잡지Tabloid에서는 다룰 수 있으나 미국 경제지에서는 그의 불륜을 단 한 번도 다룬 적이 없다. 공적인 영역과 사적인 영역을 완전히 분리해서 평가하는 것이다. 그가 트위터Twitter 직원들에게 주 120시간씩 일하라고 한 일은 경제지에서 여러 번 회자됐고 비판받았다.

아마존의 제프 베조스와 마이크로소프트의 빌 게이츠 또한 염문으로 수십 년간 이어온 결혼을 이혼으로 마무리한 케이스다. 이런 케이스도 경제지에서는 전혀 다루지 않는다. 다만, 이혼 시 위자료 등이 회사 자금 운용 상황에 영향을 미칠지에 대해서만 다룬다.

둘째, 한국은 '관계 집중적'이다. 한국인의 직장 생활은 업무보다 '관계'에 집중하는 경향이 있다.

저 사람이 나에게 '좋은 사람'이라면 그 사람의 업무 능력을 더 높게 평가하는 경향이 있다. 또한 이런 성향은 상하 관계에서 더 악용되는데, 상사에 대한 무조건적인 복종이나 충성이 소위 '라인을 탄다'라며 승진의 기회가 된다. 상사에게 무조건적으로 충성해 봤자 상사가 나에게 가스라이팅을 할 수 있게끔 허용치를 높여주는 계기가 될 뿐이다.

셋째, 한국은 많은 시간을 회사 사람들과 보낸다. 주 52시간이 적용됐지만, 아직도 한국은 야근이 만연하다. 이렇게 많은 시간을 보내다 보니 서로에게 실수를 할 수 있는 경우의 수가 더 많아진다. 미국의 경우, 동료 직원과 같이 점심을 먹으려면 미리 약속을 해야만 가능하다. 하지만 한국은 사전에 약속이 없다면 같이 점심을 먹는 것이 당연하다. 그만큼 한국은 한 팀, 한 부서에 대한 결속력이 강하고 오랜 시간 함께 일하며 사이 좋고 가족 같은 팀을 만들어가길 바란다. 그러다 보면 선을 넘는 일이 생길 수도 있고 개인의 성향을 무시할 수도 있다. 물론 장점도 있겠지만 개인의 역량을 위해서는 과연 좋기만 한 일일까 고민하게 된다.

가스라이팅과 멘토링은 겉으로 보면 조언과 피드백을 한다는 점은 동일하다. 하지만 그 결과는 완전히 다르다. 가스라이팅은 내 범위가 작아지고 멘토링은 내가 할 수 있는 의사 결정의 범위가 커지는 것이다.

얼마 전 친한 창업자 한 명과 티타임을 가졌는데, 그는 창업한 회사의 규모가 커지다 보니 외부 전문가를 영입했다고 했다. 문제는, 그들이 자신이 하는 모든 일에 멘토링을 해서 의사

가스라이팅인가 멘토링인가

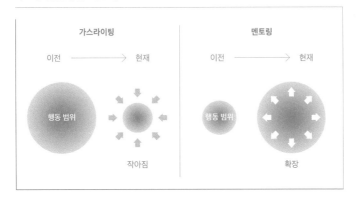

결정에 확신이 서지 않고 매사를 주저하게 된다는 것이다.

"다른 회사에서 이렇게 해본 선례가 없잖아요. 왜 다들 안 하겠어요? 실패할까 봐 다들 안 하는 거죠. 그러니까 우리도 안 하는 게 맞아요."

이런 이야기를 들으면 '내가 맞는 것 같은데. 아닌가? 잘 모르겠어' 하고 고민하게 된단다. 그럴 때는 스스로에게 물어봐야 한다. 멘토링이 나의 행동 범위를 좁히고 있는 건 아닌지, 가스라이팅을 멘토링이라고 생각하는 건 아닌지, 나와 내 선택에 대한 걱정과 불안만 높아지는지 물어보자. 만약 그러하다면 멘토링이 아닌 가스라이팅일 확률이 높다.

나에게 해주는 조언이 가스라이팅인지 멘토링인지 헷갈릴 때는 조언의 포장지는 다 제외하고 알맹이만을 남겨야 한다. 포장지는 수식어, 상황, 그리고 화자다.

하나, 수식어를 빼자. "내가 너 생각해서 하는 얘기인데." "진짜 가족같이 생각하니까 하는 얘기인데." "얘기할까 말까 고민했는데." 좋은 미사여구로 포장된, 혹은 강도를 약하게 전달한 수식어를 다 빼고 알맹이만을 남겨보자.

둘, 상황을 빼자. "우리 회사는 말이 많은 회사이니." "이런 얘기해 주는 사람을 고마워해야 해. 알지?" 농담, 우스갯소리, 실없는 소리로 포장될 때가 있다. 이런 우스갯소리를 뒤로하고 사실만을 적어보자.

셋, 화자를 빼자. "같은 팀 후배니까 하는 이야기인데." "다른 사람이라면 해주지도 않았어." 화자가 회사에서 인정받는 좋은 사람이라서, 나의 상사라서, 그리고 나와 가까운 사람이라서, 그가 하는 말이 괜찮게 들리는 것일까? 그럼, 다른 화자로 바꿨을 때는 어떤가? 너와 나의 특별한 관계를 강조하는 화자의 언어를 제외하고 생각하자. 오히려 가까운 사이일수록 서로에게 말을 더 조심하고 삼가야 한다.

이제 내가 들은 말을 그대로 적어보자. 적은 내용을 AI로 들어도 좋다. 화자의 말투와 나와의 관계를 뒤로하고, 그 내용의 핵심을 파악하는 것이 중요하다.

"우리끼리니까 하는 이야기인데, 우리 회사는 말이 많은 회사이니 말을 조심하고 적을 안 만드는 게 중요할 것 같아"라는 말에서 수식어, 상황, 화자를 빼고 나면 '말을 조심하고 적을 안 만드는 게 좋을 것 같다'라는 제안이 남는다. 하지만 이 사람의 이야기 때문에 앞으로 내가 할 말을 자꾸 되새기게 되고, 해야 할 말을 못하게 되고, 제안조차 제대로 못하게 되는 상황이 도래할 수 있다. 결국 멘토링이 아닌 가스라이팅인 것이다.

가스라이팅을 멘토링으로 바꾸자

다음 단계는 가스라이팅을 멘토링으로 바꿔보자. 말을 조심해서 남에게 적이 되지 않도록 노력하는 것이 아니라 나의 편을 더 만들 수 있도록 노력하는 것이다. 적이 한 명 생기면 내 편을 두 명 더 만드는 것이다. 적이 있어도 내 편이 더 많으니 든든할 수밖에 없다. 다른 사람이 본인 역량으로 힘들어하는 일을 도와주거나, 다른 사람의 잘못을 상사에게 말하지 않고 같이 일을 처리해 주거나, 소신 발언은 하지만 내 의견의 근거를 촘촘히 나열하고 앞으로 개선할 수 있는 방향까지 제안해 보자. 이 외에도 각자의 상황에 맞는 다양한 방법이 있을 것이다. 하지만 기본 바탕은 내 일을 잘하는 것이다. 그래야 그 누구도 내 일에 대해서는 입을 댈 수 없기 때문이다.

커리어 가스라이팅을
이겨내는 3단계

커리어 가스라이팅의 피해자가 되고 있다면, 혹은 이미 됐다면 그들이 나에게 한 말을 내 안에서 버려야 한다. 조금씩 내 안에서 버리는 연습을 하는 것이다. 그 방법을 3단계로 알아보자.

1단계 - 나의 바운더리를 확인하자

먼저 '나'를 잘 알아야 한다. 남들의 충고를 참아야 한다는 생각이 들 때가 있다. 참는다는 것은 좋은 것을 참는 것이 아니라, 내 성격 그대로 반응했다면 절대 참지 않을 것을 참는 것이다. 예를 들어, 누군가가 내가 좋아하는 칭찬을 했을 때, 우리는 참아야 한다고 생각하지 않는다. 칭찬은 우리의 바운더리 안에 있기 때문에 참는 대상이 아니다.

지금부터 내가 참았던, 나를 불편하게 했던 다른 사람들의 행동과 말을 기록해 보자. 이 기록이 당신의 바운더리를 알게 해줄 것이다.

선입견에 나를 넣는 것

- 동양 여자이기 때문에 무엇을 잘하거나 못할 것이라 말했던 일
- 이혼은 왜 당했냐고 물어본 일
- 유학생 출신이라 사생활이 자유로웠는지에 대해 물어본 일

개인적인 선을 넘는 것

- 왜 이혼을 했냐고 물어본 일
- 왜 아직 자기 집을 갖고 있지 않냐고 물어본 일

- 왜 거북목이냐고 한 일
- 어깨 좀 펴고 다니라며 어깨를 직접 만지면서 펴준 일
- 그 사람에게만 살짝 알려준 정신 건강 문제(불안증, 공황 장애, ADHD)를 사람들 앞에서 언급한 일

나의 바운더리 중에서도 가장 중요한 바운더리는 나의 가치에 대한 바운더리다. 나의 가치를 일부러 저평가하고, 나의 미래를 한정 짓고, 부정적으로 단언하는 사람들을 우리는 멀리해야 한다.

하버드 MBA 교수 중 제프리 버스강Jeffrey Bussgang이라는 분이 있었다. 벤처캐피털 기업 플라이브릿지Flybridge VC 대표이기도 한 제프리 교수의 수업은 보스턴 소재 회사들과 하버드 학생들을 연계해 전략 컨설팅을 전달하는 것이었다. 내가 컨설팅을 맡은 회사는 디알비 퍼실리티 서비스DRB Facilities Services였다. 디알비는 직원 600여 명, 연 매출 200억 원에 달하는 기업 시설 정비 업체로 당시 코로나로 인한 재택으로 매출이 급감하고 있었다. 60대의 C-level을 대상으로 컨설팅을 하는 것이 매우 불편한 상황이었는데 그때 나는 큰 실수를 했다. 해당 C-level이 앞으로의 디지털 전환에 적응하지 못할 것

이니 다른 직종으로 옮겨야 한다고 했는데, 교수님은 회사의 미래에 대해서는 조언할 수 있지만 한 사람의 역량이나 미래에 대해서는 단언하면 안 된다고 말했다. 사람의 능력은 문제에 부딪혀야 나타난다. 그렇기 때문에 우리는 회사에 방향을 제시하고 그 사람에게 충분한 기회를 주어서 해당 사안과 함께 발전할 수 있는 기회를 주어야 한다는 것이었다. 한 사람의 미래, 그리고 그의 역량에 대해서는 그 누구도 확언하거나 예측하면 안 된다는 점을 배웠다.

2단계 - 나의 바운더리를 알려주자

이제 당신의 바운더리를 알았으니 상대방에게 나의 바운더리를 알려주자. 거절을 직접적으로 표현하는 것은 어렵다. 말로 표현하는 것이 너무 어렵다면, 무언의 표현도 거절의 의사가 될 수 있다. 찡그린 표정, 움츠리는 몸짓, 불편한 마음 등 다 괜찮다. 다음 단계는 조심스럽게 표현하는 것이다. 직접적으로 얘기하기 어렵다면 주변의 동료들과 담합해서 힘을 얻어라.

"제가 누구누구랑 이야기해 봤는데 좀 그렇더라고요."

다음 단계는 직접 마음을 표현하는 것이다.

"그건 제가 불편해요."

"그렇게 하시면 제가 힘듭니다."

마지막으로 정확하게 행동과 연결해서 표현해 보자.

"누가 제 몸을 만지는 걸 싫어합니다. 제 바운더리를 넘어서 기분이 나쁘네요."

그 사람에게 당신이 가진 바운더리를 알려주자.

나의 바운더리

Must protect! 그 누구도 건드리면 안 되는 나의 바운더리	• 가족에 대한 험담 • 나의 경제적 사정에 대한 험담 • 나의 이혼, 양육 상황에 대한 이야기 (동정 어린 이야기일지라도)
Will need to protect! 한 번의 실수는 넘어갈 수 있지만, 반복되면 제어해야 하는 나의 바운더리	• 내가 고칠 수 없는 나의 콤플렉스인데, 자꾸 건드리는 리스트(신체적, 정신적 상황) • 내가 특정한 사람에게만 말한 나의 비밀 • 현재 연애 상황 등
Is willing to protect! 말투와 어감	• 비꼬는 말투 • 무시하는 말투 • 어리게 보는 말투

3단계 - 나의 바운더리를 지키자

보통 나와 긴밀하게 상호관계를 맺은 사람은 내가 무의식적으로 표현하는 나의 바운더리를 알게 되고 이 바운더리를 지키려고 조금씩 노력하게 된다. 설령 한두 번은 잊어버릴 수도 있지만 계속 잊어버린다면 그 사람은 나와 긴밀하게 상호작용할 수 없는 관계인 것이다. 나를 불편하게 하는 사람을 그 장소, 그 시간에 끊어내자.

"자꾸 내 몸에 대해 이야기하니 매우 불쾌하네요. 한두 번 기분 나쁘다고 말했는데도 불구하고 또 그렇게 말하니 이 회의는 더 이상 진행하지 못할 것 같아요. 나중에 좀 더 대화할 수 있는 타이밍에 연락하는 게 좋을 것 같네요."

내가 내 바운더리를 지켜야만 건강하게 나를 지킬 수 있다. 나는 이전 회사에서 '미친○'으로 불린 적도 있었다. 누군가가 내가 계속 얘기하고 지켜달라고 외친 나의 바운더리를 넘어서 그냥 그 회의를 나온 적이 있었다. 후에 그 사람이 사과하고, 좋은 관계는 아니지만 동료로 일을 같이할 정도의 관계로 재정립된 적이 있었다.

나의 미래 역량에 대해, 나의 신체에 대해, 내가 고칠 수 없는 나의 과거에 대해 계속 조언을 빙자한 가스라이팅을 하는 사람을 멀리하자. 이렇게 사람을 끊어내면 주변에 남는 사람이 없다고? 그런 사람들로 차고 넘치는 것보다는 차라리 없는 것이 낫다.

리더로 성장하는 사람들이 주로 멘토링을 요청하는 부분은 '외롭다'는 것이다. 갈수록 사람들과의 관계가 좁아지니,

회사 내에서 마음을 터놓고 생각을 나눌 사람이 없다는 것이다. 안타깝지만 그것은 스스로 감수해야 하는 부분이다. 리더가 되면 외로움은 증가할 수밖에 없다. 미리 준비하는 셈 치고 내 네트워크에 꼭 필요한 사람들이 아니면 선을 긋는 연습을 하자.

4장

Stand Up
_ 돈 앞에 솔직해져라

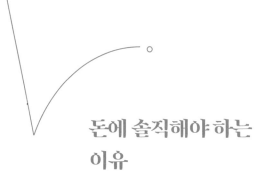

돈에 솔직해야 하는
이유

우리는 돈의 가치를 이야기할 때 상대적 가치를 논하는 경우가 많다. '저 사람은 얼마를 버는데, 나는 얼마를 벌고' '저 사람은 나보다 얼마나 더 부자이고' '저 사람이 사는 집은 내가 사는 집보다 얼마나 더 비싼 집이고'에 집중한다. 돈의 가치를 상대적으로 비교하다 보면 나의 존재 가치가 아닌 내가 버는 돈의 가치가 나를 정의하는 실수를 범할 수 있다.

돈이 가지고 있는 가치 중 가장 중요한 것은 내 안에서의 상대적 가치다. 즉, 내가 과거에 비해 얼마나 더 벌고 있는지, 취미나 투자가 수입에서 얼마큼의 비율인지에 집중해야 한다. 돈의 상대적 가치를 내 안에서 찾으면 나의 가치를 높이는 데 집중할 수 있다. 지금의 내가 미래의 나를 위해 준비할 수도 있다.

돈이 절실하게 필요할 때가 있다

돈이 있으면 앞으로 세상이 나에게 거는 태클을 좀 더 수월하게 피할 수 있다. '이제 돈을 벌어야겠어'라는 생각이 들 때는 너무 늦었다. 돈은 어느 순간, 예고 없이 인생의 순간에 훅 하고 시비를 걸 수도 있고, 꼭 필요하다고 느끼는 순간에 도움을 줄 수도 있다. 나에게 돈은 그랬다. 한 번은 나에게 태클을 걸었고, 또 한 번은 나에게 도움을 주었다.

나는 이혼 협의 과정에서 전남편과 치열하게 싸웠다. 그 와중에도 두 사람이 완벽하게 동의한 내용이 하나 있었다. 편모나 편부로 아이를 키우려면 주변의 도움이 필요하다. 그리고 그 도움에는 돈이 든다. 당시는 직장인 근무 시간이 주 52시간도 아니었고 일상화된 야근에 대비해 둘 중 하나는 아이를 어린이집에서 데리고 와야 했다. 이혼 후에는 출퇴근 도우미가 필요했다. 대략 월 150만 원의 추가 비용이 예상됐다.

"돈 있는 사람이 아이를 키우자."

이혼 당시 나의 월급보다 전남편의 월급이 두 배는 많았다. 시댁도 재정이 괜찮았기에, 결국 남편이 아이를 맡아 키우기로 했다. 내 인생에서 가장 사랑하는 사람을 지금 헤어지려는 사람에게 맡겨야 했다. 이때 많은 것을 배웠다. 이혼과 양육권 조율을 기점으로 돈 앞에 솔직해졌다. 이혼 전에는 돈이란 있으면 좋고 없으면 불편하다고 생각했다. 하지만 이혼 후에는 돈은 많으면 많을수록 좋은 것이 됐다.

미국에는 '퍽 유 머니Fuck You Money'라는 개념이 존재한다. 회사에서 불합리한 일을 당했을 때, 뒤도 안 돌아보고 퇴사할 수 있는 여유 자금이다. 미국의 1인 가족을 기준으로 하면 1년을 살 수 있는 돈을 1억 정도로 생각한다. 미국은 월세와 보험료 등이 비싸기 때문이다. 한국은 주거비가 해결된다는 조건이라면 2, 3천만 원으로 낮아질 수 있다.

코로나 당시, 급하게 미국의 MBA와 직장을 마무리하고 한국으로 복귀했다. 억대 연봉과 CMO 자리를 제안했기에 한 달여 만에 취직을 했지만 그곳은 기억하고 싶지 않은 성희롱의 현장이었다. 그 회사의 고위직급자는 공식적인 자리에서 다른 직원들에게 여러 차례 성희롱을 했다. 임산부가 많았던 회사였는데, 공개 석상에서 임산부에 대한 비하 발언을 서슴치 않았다.

나 또한 이런 성희롱을 막아주지 못했다. 너무 순식간에 일어난 일이고, 내 예상 밖의 상황이었다. 대기업만 십수 년, 그리고 미국의 스타트업을 다닌 나로서는 도저히 예상할 수 없는 발언이자 생각회로였다. 하지만 좀 더 솔직해지자면 그 사람이 무서웠다.

일단 나부터 도망쳐야 살 것 같았다. 당시 나에게는 6개월 정도를 살아남을 수 있는 퍽 유 머니가 있었다. 그래서 그 돈을 탈탈 털어 쓸 생각으로 과감히 회사를 나왔다. 만약 그 돈이 없었다면, 더한 성희롱의 방관자가 됐을지도 모른다. 지금도 회사에서 부조리가 보이면 절대로 참지 말아야지 생각하며 퍽 유 머니로 사용할 돈을 모으고 있다.

나이가 들수록 지출은 커진다

오늘이 내 인생에서 가장 비용이 적게 드는 날이라고 생각해라. 나라는 사람을 운영하기 위해서는 매일 돈이 필요하다. 물과 공기는 최소 필수 요건이다. 공기는 공짜지만, 내가 꼭 필요한 식수는 처리 비용과 공급 비용이 든다.

상황이 이러하니, 앞으로 계속 더 많은 돈이 나갈 일만 남았다. 20대까지는 부모님의 도움으로 의식주와 교육을 해결할 수 있었다. 2007년 스물여섯 살에 내 월급은 150만 원이었다. 월급이 적어서 불만은 있었으나, 기본 삶을 영위하기에 부족하다고 느끼지는 않았다. 부모님 집에 얹혀살고 있었고, 엄마가 모든 식비를 감당했다. 그 당시 아빠가 현업이었으니, 내 식비가 큰 부담은 아니었을 것이다. 숟가락 하나만 더 놓으면 되는 정도였으니까. 지금은 내 모든 의식주를 내가 책임진다. 심지어 고양이 두 마리의 의식주와 의료비 모두 내 책임이다. 수백만 원의 대출 이자, 푸드 인플레이션으로 높아져만 가는 식비, 그리고 1년에 한두 번 하는 해외 여행 경비 모두 내 책임이다.

앞으로는 더 돈이 들 것이다. 얼마 전, 치과 치료에 수백만 원이 들었는데 의사가 참 다행이라고 말했다. 지금은 이 정도로 끝났으나 수천만 원이 드는 임플란트가 필요한 시기가 곧 도래할 것이기 때문이다. 하물며 매달 내는 건강보험료도 늘어만 나지 줄어들 일이 없다. 이렇게 나는 인생에서 가장 운영비가 싼 날을, 오늘 살고 있다.

성장에도 돈이 필요하다

돈은 성장을 위한 동력이 된다. 모두가 한정된 자본을 갖고 있는데, 그 한정된 자본 중 일부를 지불하는 이유는 그 일이 나에게 꼭 필요한 일이기 때문이다. 그 필요성이나 시급성이 강조될수록 더 많은 비용이 요구된다. 우리 모두 유한한 자원 안에서 어떻게 그것을 배분하는지에 신경 쓰며 산다. 유한한 자원의 대표적인 요소는 시간과 돈이다.

보통 월급쟁이로 일하며 매일 규칙적으로 출근하는 사람은 시간과 돈 둘 다 부족하다. 그래서 내가 어떤 자원에 더 투자하겠다고 생각하면, 그 대상이 더 큰 중요성을 가지는 것이다. 유한한 자원이 부족하기에 우리는 어쩔 수 없이 가성비를 따지게 된다. 우리가 투자한 돈의 양이, 또는 시간의 양이 어떤 부분에서든 더 큰 효율로 돌아오길 기대하면서 말이다. 나는 여기서도 돈의 상대적 가치에 집중하라고 말하고 싶다. 당신의 3년 전 모습과 비교해 당신의 가치는 더 높아졌는가? 앞으로 3년 후에는 당신의 가치를 더 높일 자신이 있는가?

모두 이런 논리로 돈을 쓰기 때문에 자본주의에서 내가 누구보다 돈을 더 번다는 것은, 그만큼 내가 하는 일이 그 사람의 일보다 중요하다는 뜻이다. 그 사람의 일이 더 중요했다면 더 많은 자원이 그 사람에게 갔을 것이다.

예를 들어보자. 당신에게 백만 원의 돈이 있는데, 그 돈을 도우미 월급, 식사비, 영어회화 강의비 등의 지출로 나눠서 써야 한다. 그렇다면 내 돈이 많이 가는 일이 나에게 가장 중요한 가치를 지니고 있을 확률이 크다.

2023년 초에 급하게 미국에 다녀올 일이 있었다. 촉박한 일정 덕분에 항공료를 평소보다 몇 배를 내고 갔다. 내가 수백만 원의 항공료을 단 한 번의 고민 없이 냈던 이유는 비행기를 타는 것이 꼭 필요한 일이자, 시급한 일이었기 때문이다. 비행기를 타지 않고는 내가 목적한 곳에 갈 수 있는 방법이 없다. 그리고 더 저렴한 항공편을 기다리기에는 일정이 너무 촉박했다. 나는 한정된 자본 중에서 아주 큰 부분을 촉박한 일정의 항공표를 사기 위해서 투자했다.

일의 시급성, 중요도보다 더 중요한 것이 시장 가격이다. 내가 지불했던 가장 큰 인건비는 변호사비다. 이혼 당시, 변호사 상담을 받았는데 상담료만 수백만 원이었다. 다소 비싼 변호사 상담을 받았던 이유는 인터넷 검색이나 지인이 알려줄 수 없는 정보를 얻어야 했기 때문이다. 시장가를 기준으로 했을 때, 내가 고용했던 변호사는 오히려 낮은 비용이었지만 비용 효율적인 측면에서 보았을 때 이 변호사를 고용하는 것이 가장 합리적이었다.

컬럼비아 MBA 오리엔테이션 시간에는 가치 카드 활동Value Card Activity을 한다. 이 활동으로 나의 커리어 존재 이유, 특히 나에게 중요한 요소와 그 우선순위를 알 수 있다. 나는 자유로운 표현Free Expression과 자율적인 업무Autonomy를 우선순위에 두었다. 이를 통해 연봉을 올리는 것이 나의 목적이었다. 이를 알아야 자유로운 표현과 자율적인 업무를 기반으로 목적을 달성할 수 있는 계획Action Plan을 짤 수 있다. 이렇게 생각하는 것이 도움이 된다.

"창업을 하면 자유로운 표현과 자율적인 업무가 달성되겠지만 원하는 연봉 목표는 달성할 수 없을 것 같아."

"대기업에서 일한다면 자유로운 표현과 자율적인 업무를 달성할 수 있을까? 연봉 목표는 어느 정도 달성할 수 있을 것 같아."

이런 단계를 거치다 보면 어떤 계획과 목표를 가져야 나의 목적을 달성할 수 있는지 정리된다.

가치 카드 활동

1 내 인생에서 절대 포기할 수 없는 가치 세 가지를 나열해 보자.

2 내 꿈을 그려보자. 흔히 이것을 인생의 북극성이라고 한다.

3 앞으로 1년, 3년, 5년 내에 달성하고 싶은 구체적인 목표를 그려보자.

나의 가치가
곧 커리어가 된다

나라는 사람은 한 명이고 노동력은 예나 지금이나 일정하게 시장에 공급된다. 내 인건비가 오르락내리락하는 것은 다른 사람들의 노동력도 시장에 공급돼 나의 대체제가 존재하기 때문이다. 내가 하는 일을 할 수 있는 또 다른 사람이 많다면, 내 인건비는 내리막길을 타게 된다. 반대로 내가 하는 일을 '나밖에' 할 수 없다면 내 가치는 올라간다. 시장에서 내가 유일한 공급자라면 수요자는 내가 원하는 가격을 맞춰줄 수밖에 없다.

급변하는 세상에서는 시장에서의 위치를 선점하는 것이

수요와 공급 그래프

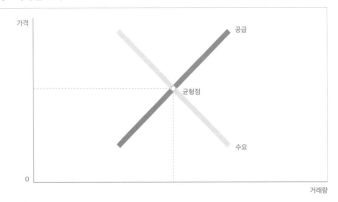

핵심이다. 그래서 누군가가 나에게 정식으로 무엇인가를 가르쳐주기 전에 선점하는 것이 필요하다. 가령 이미 학원이 생기고 나서 어떤 공부를 정식으로 배우려고 하면 그 학원에 다니는 수많은 사람과 경쟁해야 한다. 내가 찾아가면서 배워야 하는 것, 그런 것을 선점해야 한다. 지금은 AI나 메타버스 학과도 있고 학원도 있지만, 10년 전에는 알음알음 찾아서 배우는 것이었고, 아직 학문이라고 이해되지 않는 영역이었다. 이런 분야를 먼저 선점했다면 희소성이 높은 전문가가 될 확률이 매우 높다.

독보적인 사람 VS. 일을 잘하는 사람

내가 독보적인 존재가 아니라면, 적어도 남들보다는 일을 잘해야 한다. 그래야 그 일을 제공하는 사람 중에서 가장 높은 가격을 받을 수 있기 때문이다. 시장 안에서 경쟁자 대비 높은 가격을 받고 싶다면 경쟁자보다 일을 잘해야 한다.

내가 아는 한 대표는 의사 결정을 가장 잘하는 일로 꼽는다. 일주일에도 평균 수십 개의 보고를 받는데, 회사 특성상 그 카테고리가 광범위하다. 그는 세세한 디테일을 챙기기보다는 핵심적인 사항을 가장 빠르게 짚어내며 회사와 직원에게 가장 적합한 의사 결정을 이루어낸다.

나는 지금까지 의사 결정이 느리거나 미루는 리더를 많이 봐왔다. 그들은 의사 결정을 미룸으로써, 본인이 더 신중했다고 자기 위안을 할 수 있다. 하지만 리더가 의사 결정을 미루는 것은 전쟁터에서 언제 총을 들까, 언제 움직일까를 결정하는 순간만 미룰 뿐이다. 티타임을 하면서 그는 "나쁜 의사 결정보다 더 나쁜 것은 늦은 의사 결정이다"라며 모든 결과를 예상할 수 있을 때까지 결정을 유보하고 기다리는 것만큼 어리석은 일은 없다고 조언했다.

사양산업에서 벗어나기 VS. 교집합 만들기

내가 그 일을 하는 사람 중에서 가장 높은 가격을 받는데도, 너무 적은 돈을 받고 있다면 어떻게 해야 할까? 그런 경우에는 높은 임금을 받을 수 있는 다른 시장으로 옮겨야 한다.

내가 일했던 제조업은 초봉은 다른 산업과 아주 크게 차이가 나지 않았다. 하지만 PMProduct Manager이 되고 난 후 임금은 다른 업계 기준 너무 낮았다. 나는 일을 잘하는 스타급 PM이었지만, 제조업 기준으로 높은 임금을 받았을 뿐이다. 금융이나 투자업에 근무하는 친구들과 비교하면 훨씬 적었다. 이렇게 직급별로 그 가치가 더 높게 평가되는 업계가 있다. PM의 경우 정보통신기술ICT, Information and Communication Technology에서 가장 높게 평가된다. 그러므로 직급에 따라 내 능력을 좀 더 높게 평가해 주는 업계로의 이직을 고민해야 하는 시점이 생긴다.

또 다른 방법은 교집합을 만드는 것이다. 교집합의 역량을 갖추면 시너지 비용을 받을 수 있다. 의사면서 변호사인 사람이 이런 예다. 의료 관련 법무 대행 비용은 일반적인 법무 서비스보다 높은 비용을 받는다.

데이터 사이언티스트Data Scientist도 대표적인 예인데, 빅 데

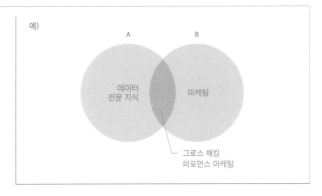

예)

A   B

데이터
전문 지식   마케팅

그로스 해킹
퍼포먼스 마케팅

이터를 분석할 수 있는 능력과 비즈니스 인사이트의 교집합이 데이터 사이언티스트다. 현재 데이터 사이언티스트는 기술 엔지니어보다 높은 연봉을 받고, 기획만 하는 마케터보다 더 높은 연봉을 받는다.

비씨카드의 빅데이터 센터장을 지낸 L님도 이런 케이스다. 그는 경영학을 전공했지만, 데이터 분석 능력을 개발해 새로운 커리어를 열었다. 데이터 전문가로 성장하며 국내 최고의 전문가로 인정을 받았고 그의 연봉을 밝힐 수는 없지만 일반 기획자보다 훨씬 더 높다.

하나의 일을 하면서 그 일에서 100점을 받기는 어렵다. 하지만 두 가지 일의 교집합 부분을 갖추면 각각의 일에서 80점

이상을 받는 것만으로도, 이미 160점의 사람이 된다. 두 가지 일로 각 영역에서 손실되는 부분이 있다 해도 120~150점의 평가를 받을 수 있다. 이렇게 교집합을 이용하면, 커리어의 기회를 마련할 수 있다.

내 가치는 내가 평가한다

한 창업자가 스타트업 펀딩을 받는 과정은 과학보다는 예술에 가깝다. 기업 가치 산정이란 굉장히 수치적인 계산일 것이라 생각하지만 기업이 막 시작되는 단계다 보니, 아직 매출이 나오지 않은 경우도 많다. 심지어 쿠팡처럼 적자만 수년째 나오는 경우도 있다. 아직 실체가 없는 기업의 가치를 어떻게 정할 수 있을까? 나만의 기준을 세우고, 기업의 가치를 산정하면 된다. 창업자가 자신의 기업 가치를 산정하고, 이를 수많은 투자자들에게 제시하면 그 기업의 가치는 창업자가 잡은 기준에서 크게 벗어나지 않는다. 이를 앵커링 효과Anchoring Effect라고 한다.

그렇게 환산된 가치가 과연 적절한지는 누가 결정할까? 단한 명의 투자자라도 투자한다면 그 기업 가치가 적절하다고 판단된다. 소프트뱅크의 손정의 회장이 쿠팡의 10조 기업 가치를 인정해 주었기 때문에, 지금 쿠팡의 시장가치는 10조로 형성됐다.

당신의 가치는 누가 평가하는가? 단 한 명이라도 당신의 가치를 인정해 주고 당신이 정한 비용을 지불하면 된다. 그것이 천만 원이 될 수도 있고, 10억이 될 수도 있다. 단 한 명이라도, 단 한 번이라도 당신의 가치를 인정한다면 당신은 그 가치의 사람이 된다.

나의 가치는 일단 내가 정한다. 남이 내가 정한 가치에 동의하느냐 아니냐는 그 후의 문제일 뿐이다. 모든 협상에는 앵커링 효과라는 것이 존재한다. 내가 처음 제시한 가격을 기준으로 사람들이 그 가치를 책정한다는 것이다. 내가 나의 가치를 10억이라고 평가했다면, 사람들은 그 가치에서 플러스하거나 마이너스해서 나의 가치를 최종 결정한다. 나의 가치를 나부터 제대로, 그리고 때로는 과대평가해 앵커링 효과를 가져가야 한다. 만약 상대방이 너무 흔쾌히 "Yes"를 한다면, 내가 나의 가치를 너무 낮게 평가한 것이다.

대안이 있으면 가치도 올라간다

당신의 가치를 제대로 평가받을 수 있는 방법은 돈과 시간이 아니다. 많은 돈이 있다고 해서 모든 협상에서 유리한 위치를 선점하지 않는다. 다만 많으면 많을수록 좋은 것이 있는데, 바로 대안이다. 대안은 많이 갖고 있을수록 협상에서 힘이 된다. 그러므로 유리한 위치 선점을 위해 늘 대안을 준비해야 한다. 경영 전문 용어로 대안은 BATNA_{Better Alternative To No Agreement}라고 부른다. BATNA가 있는 경우와 없는 경우, 그리고 최대한 많은 경우를 살펴보자.

일단 대안이 있으면 마음이 편안해지며 미소가 지어진다. 이 자리에서 내가 원하는 결과가 나오지 않더라도 아쉬울 게 없기 때문이다. 아쉬운 사람은 마음이 조급해지고, 억지를 쓰게 되고, 악수를 두게 된다. 그래서 "아쉬우면 지는 거다"라는 말이 있나 보다. 어떤 협상에서도 시간과 여유를 가질 수 있는 방법, 그것은 BATNA다.

- **BATNA가 있는 경우** 협상이 이뤄지지 않았을 때 대안이 있다. ➡ 회사가 나의 제안에 이끌린다. ➡ 회사가 주는 옵션이 싫으면, 다른 대안을 선택하면 그만이다.
- **BATNA가 없는 경우** 협상이 이뤄지지 않았을 때 대안이 없다. 그러므로 이 협상에 모든 것을 걸어야만 하는 절실한 상황이다. ➡ 회사의 제안에 이끌려갈 수밖에 없다. ➡

회사밖에 대안이 없기 때문이다.

- **BATNA가 최대한 많은 경우** 협상에서 천하무적이다. 나는 많은 대안 중 하나를 선택할 수 있는 힘이 생긴다.

BATNA의 핵심은 정말 좋은 대안이다. 협상이 결렬됐을 때, 대안을 선택해도 전혀 아쉬운 점이 없을 만큼의 대안을 만들어야 한다. 보통 회사에서 BATNA는 이직과 평가 시점에 많이 사용된다. 평가의 경우를 생각해 보자. 상사가 나를 제대로 평가해 주지 않았을 때 내가 취할 수 있는 다른 옵션이 있는가? 먼저 상사와 나의 평가를 협상해 보지만, 협상이 결렬될 수 있다. 협상이 결렬됐을 때, 나에게 또 다른 대안이 있는가?

- 이동(사내) 혹은 이직(사외)
- 더 높은 상사와의 협상
- 평가 감사회 소집(인사팀 주관)
- 겸직 요청, 이를 통해 이후 다른 팀으로 이동

이직과 이동은 나에게 제1의 가장 강력한 대안이다. 늘 '이 회사, 이 팀이 내 마지막 소속이 아닐 수도 있다'라는 마음으로 임해야 한다. 나에게 이동할 수 있는 옵션이 있다고 생각해야, 내가 일하고 있는 회사가 수갑이 아니라 선택할 수 있는 수많은 기회로 다가오기 때문이다. 지금 조직이 당신에게 있어 유일한 옵션, 그리고 유일한 곳이 되는 순간, 가장 강력한 BATNA가 사라지고 협상에서 우위를 잃는다.

5장

Speak Up
_ 뻔뻔하게 어필해라

주체적으로
나를 어필해야 하는 이유

우리는 친절과 무리하게 Yes를 말하는 습성을 버려야 한다. 우리 사회는 과도한 친절에 익숙해져 있다. 항공사 승무원은 무릎을 꿇고 주문을 받으며, 레스토랑에서도 눈높이를 맞추기 위해 몸을 과도하게 굽히고 주문을 받는다. '손님은 왕'이라는 생각이 우리 생활 곳곳에서 도사리고 있다. 또한 우리는 직장에서 상사에게도 과도하게 친절해야 한다고 착각한다. 하지만 친절에 대한 모든 관행에서 벗어나기 위해 친절함의 민낯을 알 필요가 있다.

회사에서의 친절함과 No의 의미

동료, 상사, 구성원들에게 과하게 친절할 필요가 없다. 우리는 일을 하러 만난 사람들이므로 누군가에게 과하게 친절해야 할 이유가 없다. '정중히 부탁드립니다', '죄송합니다', '미안합니다' 등의 과도한 배려의 말이 나를 불편하게 한다. 신입사원도 사장님에게, 혹은 수주사도 고객사에게 당당하게 일을 요청할 수 있어야 한다.

회사에서는 친절함이 이미 과하게 설정돼 있는데, 친절함에 대한 기대치가 갈수록 높아지고 있어 더 불편하다. 한 번 친절한 사람에 대한 기대는, 그 사람이 계속 자신에게 친절할 것이라는 기대로 이어진다. 그리고 기대가 채워지지 않을 경우 이전보다 훨씬 더 큰 실망을 한다.

명심하라. 일은 친절하게 하는 것이 아니라 당당하게 하는 것이다.

거절을 할 때도 마찬가지다. 우리는 바운더리를 지키면서, 편하게 "No"를 말할 수 있어야 한다. 많은 사람이 회사에서 No를 말하는 것을 불편해한다. 지금부터 No의 민낯을 알려주겠다.

회사의 No에는 그 어떤 감정이 들어 있지 않다. No를 할 때도, 또는 No를 받을 때도 말 그대로 '부정', '아니다'라는 의미로 받으면 된다. No를 했다고 너무 미안해하거나, No를 받았다고 상처받거나 슬퍼할 필요가 없다.

No는 어떤 질문에 대한 답 중 50%에 해당하는 말일 뿐이다. No를 잘할 수 있어야, 내가 하는 Yes의 대답이 나에게도 상대방에게도 솔직한 대답임을 알 수 있다.

이제부터 관행적으로 내려온 말에 No를 할 수 있어야 한다. '친절해야 한다', 'No를 할 수 없다'는 강박은 우리가 타인의 요구를 무의식적으로 수용하게 했다. 지금부터 무조건적으로 받아들였던 선을 넘는 제안에 수없이 외치고 싶었던 No를 외침으로써, 나의 바운더리를 지키고, 또 나만의 바운더리를 만들어갈 수 있다.

한정된 시간 안에서 나를 알리는 방법

우리는 늘 시간에 쫓기고 있기에 내 시간을 쪼개서 남을 알아보려고 노력하거나, 그런 사람을 찾아서 시간을 투자하기는 어렵다. 그래서 많은 사람이 과소평가되고 있다. 내가 아무리 전문가여도, 외부의 전문가를 영입하는 데 더 많은 돈을 쓰고, 또 그들을 내 위에 앉힌다. 이렇게 인정받지 못하는 이유는 사람들이 나의 진가를 제대로 모르고 있기 때문이다.

한정된 시간에 나를 제대로 알리기 위해서는 지금부터 주체적으로 나를 어필해야 한다. 잘하는 일도 감추고, 오른손이하는 일을 왼손이 모르게 하라는 말은 더 이상 통하지 않는다. 자신을 어필하지 않으면서 수동적으로 좋은 일이 생기기만을 기도하는 건 현대사회에서는 막연한 희망일뿐이다.

"누군가가 나를 알아보겠지."

"길 가다가 귀인을 만날 수 있겠지."

이런 기도는 나의 주체성을 다른 사람의 선택에 넘긴 수동적인 바람일 뿐이다.

나를 어필하자는 건 잘난 척하자는 게 아니다. 내가 한 일에 대한 당당한 홍보, 그리고 나를 알아달라는 적극적인 외침이다. 내가 하지도 않은 일을 알리는 것은 잘난 척이지만 내가노력한 일을 제대로 평가해 달라는 것은 주체적 어필이다.

과시는 내가 열심히 해서 이룬 것이 아닌, 돈이나 남의 능력으로 이룬 것에 대한 자랑이다. 나를 어필하는 것과 과시를 SNS에 올리는 여부로 구분하는 건 적절하지 않다. 핵심은 과정이다. 내가 열심히 노력해서 명품 가방을 샀다면, 가방을 자랑하는 건 내 노력을 보여주는 것이다. 그래서 어필은 선망과 추앙을 일으킨다. 우리는 열심히 산 사람들의 과정을 존중하고, 그 사람이 하는 말에 더 큰 공감을 할 수 있다. 선한 영향력을 행사할 수 있는 기반이 된다.

노력 없이 명품 가방을 샀다면, 그것은 과시다. 과시는 질투와 미움을 일으킨다. 부모님이나 다른 사람의 돈, 내 능력 밖의 소비, 극단적으로 생각하면 남의 돈을 빌려서 명품 가방을 샀다면 과시를 위한 소비일 뿐이다. 과정이 없는 결과는 빈 껍데기다. 그래서 어떤 일을 하는지도 모르는 사람들이, 놀면서 사는 듯한 사람들이 보여주는 명품 도배는 과시다. SNS에 보여주는 사치 같은 과시는 대부분 진실보다 부풀려진 보여주기로, 보는 사람에게 존경 없는 시기만 불러온다.

나를 어필하는
5가지 방법

겸손은 그만두자

첫째, 겸손의 말투는 이제 그만두자. 커리어 상담을 하는 사람들에게 내가 제일 먼저 요구하는 작업은 가치 카드 만들기와 커리어 그래프 그리기다. 시간이 없는 경우에는 가치 카드는 제외하지만 커리어 그래프는 꼭 그려보라고 한다. 그리고 자신의 커리어 그래프를 발표시킨다. 지금까지 수백 개의 커리어 그래프를 리뷰했는데, 매번 놀라는 사실이 있다. 커리어 그래프를 발표하면서 많은 사람이 수동적인 표현을 많이 쓴다는 점이다. 본인의 커리어 그래프를 설명하면서 남의 커리어 그래프를 표현하는 것처럼 수동적인 표현을 입버릇처럼 사용한다. 이런 단어들은 '상황의 흐름에 따라 움직였을 뿐'이라는 인상을 준다. 하지만 우리에게 중요한 것은 '주체성'이다. 주체성이 나에게 없고, 다른 사람이나 상황에 있다면 책임을 피할 수는 있지만 영향력 있는 사람으로 볼 수는 없다. 그런 상황에서는 나쁜 결과가 나오면 '상황 때문에', '저 사람 때문에'라는 평계를 댈 수 있기 때문이다.

수동적 단어 예시

- 운 좋게도
- 좋은 분을 만나서
- 좋은 기회가 와서
- 제가 여기서 민폐 끼치지 않고
- 제가 문외한이라서
- 그때까지 제가 회사를 다닐 수 있을지 모르겠지만

노력은 강조하자

둘째, 내 노력을 강조하자. 주체적인 표현으로 바꿔보면 이

상황의 주인공은 '나'이고, 내가 내 행동을 선택해야 한다. '나'라는 사람이 주체성을 가지는 순간, 더 이상 남을 탓할 수 없게 된다. 모든 것이 다 '내 덕분'이고, '나의 선택 덕분'이 된다.

주체적 단어 예시

- 저희 팀이 워크숍 과정 준비만 1년이 넘게 걸렸어요. 그래서 과정 점수 5점 만점에 5점!
- 인사 조직과 관련해 더 배우기 위해 주말에 박사 과정 과목도 듣고 있어요.
- 다른 팀과의 협업을 위해 원래 출근지인 서울역이 아닌 마곡으로 주 3일 출근했어요.

강점은 강화하자

셋째, 약점을 내 마음속에서 지우고 강점을 뽐내라. 멘토링을 하다 보면, 자신의 약점을 대놓고 드러내는 경우가 많다.

약점을 드러는 말투 예시

- 발표를 잘 못해요. PPT는 잘 못해요.
- 저는 새로운 사람들 만나는 걸 잘 못해요.

- 저는 숫자에 약해요.
- 저는 사람들에게 인정받고 싶어 하는 스타일이에요.

약점을 드러내기보다 강점에 집중해 사람들과 소통해야 한다. 관성은 물체에 가해지는 외부 힘의 합이 0일 때 자신의 운동 상태를 지속하는 성질인데, 질량이 클수록 관성도 크다. 관성의 법칙으로 봐도 약점을 보완하는 것보다 강점을 강화하는 것이 더 수월하다. 큰 장점일수록 더 빨리 개발할 수 있다. 나 또한 처음에는 내 장점을 이야기할 때 얼굴이 불긋불긋해지고 민망했다. 하지만 강점을 표현하는 습관을 만들면 긍정적인 효과가 배가된다.

자신을 설득하자

넷째, 내 안에 부정적인 생각을 버려라. 내 자랑에 내가 먼저 설득돼야 한다. 그래야만 다른 사람도 쉽게 설득할 수 있다. 간혹 자신에 대한 사람들의 기대치를 낮추려는 경우도 봤다.

"제가 그리 똑똑해 보이지는 않지만."

"제가 마케팅을 한지 얼마 되지 않아서."

"제가 저희 회사의 기획에 있어서는 제일 전문성이 떨어지지만."

우선 남이 하는 나의 자랑을 먼저 들어보자. 자기암시 영상을 유튜브에서 찾아, 매일 아침 한 번씩만 들어보자. 나는 매일 아침 유튜브에서 자기암시 영상을 보는데 시간도 15분 정도로 적당하고, 내용도 알차다. 주된 내용은 다음과 같다.

"앞으로 당신은 더욱더 잘될 것이다."

"당신이 누리게 되는 행복은 원래부터 당신의 것이다."

"앞으로 더 많은 부를 누리게 돼 정신적·경제적 자유를 얻게 될 것이다."

다음으로 늘 불평불만을 쏟아내는 지인을 멀리하자. 우리 부모님의 육아 철학은 "위험한 일이 아니라면 잔소리하지 않는다"인데, 이 철학이 나의 주체성을 길렀을 뿐만 아니라, 내가 하는 선택은 100% 내 몫이라는 생각을 갖게 했다. 모든 의사 결정의 주체는 '나'다. 사람을 선택하는 일에 있어서도 내 마음을 100% 반영한 선택을 했다. 앞으로 살면서 스스로 지인을 선택해야 하는 일이 많다. 연인이나 배우자를 선택할 때는 특히 심혈을 기울여야 한다. 나와 가까운 사람일수록, 나의 특징을 강화해 줄 수 있기 때문이다. 나의 강점을 인정해 줄 때, 강점은 강화될 수 있다. 반면, 나의 약점만 계속 지적하는 사람은 나의 약점을 강화시킨다.

이전 지인 중 한 명은 늘 부정적으로 나의 약점을 강조했다.

"너는 너무 덤벙거려."

"너는 매사가 급해."

이런 부정적인 말을 계속 듣게 되니 행동은 더욱 덤벙거리고 급해졌다. 한 번도 잃어버린 적 없던 지갑과 핸드폰을 식당에 두고 나오는 일도 생겼다. 내 행동이 그의 말대로 편향됐다.

'나는 꽤 괜찮은 사람이야'라는 것을 내가 먼저 믿어야 한다. 그러기 위해서는 누구의 약속보다도 나와의 약속을 최우선해야 한다. 나에게 실망하면 나를 실제보다 못난 사람으로 평가하게 된다. 오늘 나와 사소하지만 작은 약속을 했다면, 그 약속은 무슨 일이 있어도 지켜내야 한다. 얼마 전부터 '아침 6시에 일어나 글을 쓰겠다'라고 나와 약속했다. 처음 며칠은 나와의 약속을 어겼다. 스스로를 자책하며 매일 아침을 시작했다. 더 이상 나에게 실망하기 싫어서, 알람을 크게 세팅한 핸드폰을 침실에서 제일 먼 방에 놓고 잠을 잤다. 6시에 온 집 안을 울리는 핸드폰의 알람을 끄기 위해서라도 한바탕 걸어야 했다. 그렇게 걷는 것으로 6시 기상이 가능해졌다. 요즘은 매일 아침 '나는 나와의 약속을 지켰어! 나는 꽤 괜찮은 사람이야!'라는 즐거운 마음으로 하루를 시작한다.

다섯째, '나의 역량'에 집중하고 어필하자. 나를 어필할 때 조심해야 하는 것이 있는데, 절대 유형의 요소Tangible Asset를 어필하면 안 된다. 이를 이름 드롭Name Drop이라고 한다. 이전 회사에서 하버드를 나온 한 직원이 미팅을 할 때마다 입버릇 처럼 "하버드에서는"이라며, 하버드의 이름 드롭을 자주 했 다. 이렇게 계속 자랑을 하니 하버드를 나오지 않은 동료들 이 그에게 불만을 가졌다. 무형의 요소Intangible Asset를 어필해 야 시기가 아닌 선망을 얻을 수 있다.

"매일 8시에 출근해서 전날 트렌드 보고를 팀 내 메일로 돌 렸어요. 이것을 6개월 이상 진행했어요." ➡ **성실성 강조**
"외주 업체와의 경쟁 PT 준비를 위해서 이전 경쟁 PT에서 수주에 성공한 담당자를 섭외해서 미팅을 했어요. 덕분에 PT에서의 핵심 노하우를 배웠어요." ➡ **열정 강조**

아직 스스로를
어필하는 게 두려운 이유

    우리 집 첫째 고양이 그레이는 식탐도 없고, 애교도 없는 스타일이다. 그래서인지 집사에게도 좀 무뚝뚝한 타입이다. 밥도 자동 급식기로 주기 때문에 집사와의 일대일 시간이 별로 없다. 얼마 전, 뜻밖의 일이 벌어졌다. 그레이가 나에게 꼬리를 비비는 것이 아닌가! 게다가 처음으로 나에게 "야옹"이라는 소리를 냈다. 어리둥절해진 나는 그레이를 따라갔는데, 나를 이끈 곳은 다름 아닌 자동 급식기가 놓인 곳이었다. 앗! 자동 급식기가 배식을 멈췄구나! 그 순간 그레이가 여지껏 식탐이 없는 것이 아니라, 꼬박꼬박 나오는 밥이 있으니 그리 배가 고프지 않아서 나를 찾아오지 않았던 것임을 알게 됐다. 그 일을 계기로 자동 급식을 멈추고 직접 배식을 하면서 고양이 애교를 받는 '갑의 집사' 위치를 서서히 되찾아가고 있다.

기회는 자동으로 오지 않는다

자동 급식기의 밥처럼 기다리면 기회가 올 것이라 기대하는 20년 차 기획자를 만난 적이 있다. 그는 자신의 동기와 후배 다수는 임원을 달았는데, 자신은 아직도 리더가 되지 못했다고 푸념했다. 그는 "아직은 때가 아니라서", "앞으로 기회가 있겠죠" 등의 표현으로 더 기다려야 리더가 될 것이라며 자신을 위로하고 있었다. 슬프게도, 승진은 자동 급식기의 밥처럼 나에게 자동으로 떨어지지 않는다.

정말 승진이 고픈가? 아니면, 나만 책임지면 되는 팀원으로서의 워라밸을 너무 사랑하는가? 본인의 의지로 팀장 자리에서 벗어난 한 팀원을 멘토링했더니, 본인은 팀장으로서의 책임감 때문에 워라밸이 무너지는 것을 경험했다고 말했다. 늦게 결혼해서 아이들이 아직 어린데 주 52시간은커녕 주 100시간을 일해서 임원을 보좌해야 하는 역할 때문에 아이들이 자기 전에 퇴근한 적이 없다고 했다. 그래서 팀장이 아닌 직급에서 워라밸을 지키는 삶을 더 희망한다고 했다.

이제, 말로만 "승진을 원한다"라고 말하는 당신에게 진짜 속마음을 물어봐라. 정말 배가 고픈가? 정말 승진이 간절한가? 그렇다면 누군가가 나에게 기회를 손 내밀어주기만 기다리지 말고 본인이 주체적으로 기회를 만들어야 한다.

컬럼비아 MBA 재학 중 한 유태계 미국인 동기와 친하게 지냈다. 그는 이전에 한국 여자 친구들을 많이 사귀었다고 했다. 다른 한국 여자애들의 데이트 습성에 대한 궁금증도 있던 차여서 그에게 이것저것 물어봤다.

"한국 여자 친구들은 어때?"

"한국 여자 친구들은 연인 사이에도 매사를 조심스러워해. 지금 만나고 싶은 것 같은데 '지금 너네 집에 놀러 가도 돼?' 라고 심플하게 안 물어봐. '혹시 바빠?'라고 물어봐. 더한 경우는 그런 마음을 숨기고 데이트 신청을 받을 때까지 기다리는 애들도 있었어."

그 여자 친구들에게 "왜 한국인만 유독 그렇게 하는지"를 직접 물어본 적이 있다고 한다. 그들의 답변은 한국 사람들은 예의를 잘 챙기는 민족이라서 그렇다는 것이었다. 이래서 한국을 '동방예의지국'이라고 하는가?

기회는 무한하다. 그러니 욕심내자

내가 원하는 것을 직접적으로 요청하는 것이 너무 예의 없다고? 예의 없는 것은 유한한 양을 남에게서 뺏어와 내 것으로 만드는 것이다. 빵이 두 조각 남았고 나와 상대방이 있는데, 내가 두 조각을 다 먹는 것이 예의가 없는 일이다. 하지만 기회는 무한하다. 기회는 무한한 양을 가지고 있는 공기와 같다. 내가 숨을 쉰다고 해서 다른 사람이 마실 공기의 양이 줄지 않는 것처럼, 오늘 더 숨을 쉰다고 예의가 없는 것일까? 그렇다면 운동을 하거나 뛰면서 많은 숨을 내쉬는 사람들은 모두 예의가 없는 사람들인가?

공기처럼 무한한 것이 바로 기회다. 어떤 회의에 열 명만 초대됐다고 해서, 열한번 번째 참석자가 되면 안 되는가? 의자 끌고 들어가서라도 회의를 듣고 참여하면 안 되는가? 그렇게 뻔뻔해지면 안 된다고 누가 우리를 막았던가.

정보 공유는 무한하다. 내가 그 정보를 듣는다고 해서, 다른 사람이 정보를 공유받을 기회를 뺐는 것이 아니다. 오히려 내가 한 발표나, 내가 들은 발표가 나와 다른 사람에게 생

각할 여지를 주고, 아이디어는 아이디어를 낳게 돼 더 풍성
해질 수 있다.

무한한 기회를 잡는 말투 예시

- 제가 제안·발표·도전·시도해 보고 싶어요.
- 제가 회의·출장·컨퍼런스에 참석하고 싶어요.
- 저에게 맞는 승진·연봉 인상·비용 승인을 원합니다.

승진이나 출장같이 회사에서 비용이 드는 일이 있다. 그래
서 비용이 드는 일은 한정된 사람에게만 주어지는 유한한 기
회라고 착각하는 경우가 많다. 하지만 승진과 출장도 정말
유한한 자리만 있을까?

얼마 전 나는 뻔뻔하게 해외 출장을 다녀왔다. 비즈니스
항공권과 숙박비, 그리고 활동비까지 따지면 천만 원의 비용
이 들어가는 해외 출장이었다. 조용히 내가 선택되기만을 기
다렸다면 얻지 못할 기회였다. 적극적으로 내 자리를 요청
한 덕분에 나를 더 어필할 수 있는 기회와 능력을 얻었다. 사
장단이 실리콘 밸리로 해외 출장을 가는 것을 알게 됐고 '앗!
나도 너무 가고 싶은데, 아무도 나를 초대해 주지 않네?'라며
사장님에게 달려갔다.

"사장님, 저도 실리콘 밸리에 가서 스타트업 현황과 신기술을 보고 싶습니다!"

"그러세요."

사장님의 흔쾌한 승낙으로, 나는 입사한 지 3개월 만에 LG유플러스의 실리콘 밸리 사장단 미주 출장에 동행했다. 실리콘 밸리에서 열 개 이상의 스타트업 창업자를 만났고, AWS 스타트업 로프트AWS Startup Loft 미팅까지 주관했다. 그리고 챗GPTChatGPT 사업을 하는 신생 테크 기업도 만나서 이후 회사 내 사업팀에 연결해 주었다. 내가 만들어 낸 기회로 지금도 그 출장이 없었다면 불가능했을 일을 하고 있다.

6장

Meet Up
_ 편함을 버리고
불편함을 찾아라

당신은 스페셜리스트인가
제너럴리스트인가?

1980년대의 제너럴 모터스General Motors, 1990년대의 시어스 Sears, GEGeneral Electric와 같이 미국에서 정점을 찍은 회사들은 지금은 잘 눈에 띄지 않는다. 지금은 새로운 IT회사들이 등 장했다. 앞으로 10년은 어떤 회사가 유명해질까? 앞으로 어 떤 기업이 유망할지 모르겠지만 전문가라고 외치는 사람들 도 모르는 듯하다. 워런 버핏도 가치투자를 하라고 말하지만, 결국은 분산투자를 해야 한다고 한다. 어떤 회사가 앞으로 10년 뒤에 차기 애플, 차기 구글, 차기 테슬라가 될 것이라 확 신한다면, 왜 분산투자를 하겠는가. 그냥 그 회사에 나의 모든 자산을 투자하면 되지 않을까? 그래서 어떤 산업, 어떤 회사, 그리고 여기서 필요로 하는 인재가 어떤 사람일지를 아무도 모르는 것이다. 그 인재가 어떤 사람일지 모르는데, 우리 자신의 모든 역량을 한곳에 집중해서 개발하기에는 위험하다.

내가 대학교에 다닐 때는 경영학이 가장 인기 있는 전공이었다. 경영 전략 등을 통해 고부가 가치 산업이 탄생할 것이라는 전망이었다. 그 당시 나의 많은 동기가 컨설팅에 뛰어들었다. 하지만 지금은 어떤가? 대학 진학을 앞둔 학생부터 직업 선택의 기로에 선 인재들이 문과에 속한 경영학보다는 이과(프로그래머, 데이터, AI)에 뛰어들고 있다. 과연 다음 10년은 어떻게 될까?

스페셜리스트 VS. 제너럴리스트

전공을 정할 때 이과와 문과를 나누는 것처럼 커리어를 분류할 때도 스페셜리스트와 제너럴리스트의 기준을 적용하면 좀 더 명확하게 다음 커리어를 준비할 수 있다. 스페셜리스트와 제너럴리스트 기준을 잘 표현한 비유가 우물이다. 우물이 두 개 있다. 두 개는 똑같은 부피로 같은 양의 물이 있지

스페셜리스트와 제너럴리스트의 우물

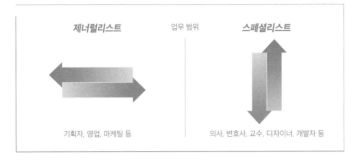

만, 각각의 깊이가 다르다. 스페셜리스트의 커리어는 표면은 좁지만 깊이가 깊은 우물이다. 반면 표면은 넓으면서 깊이가 얕은 우물은 제너럴리스트의 커리어다. 당신의 커리어는 어떤 모습의 우물인가?

회사에서 신규 팀을 꾸리면서 구성원들을 멘토링했다. 그중 한 명이 인사팀에서 교육 업무를 담당하던 H님이었다. 그는 본인의 커리어 방향성이 헷갈린다고 했다. 앞으로도 이전처럼 사내 교육를 하는 '교육 스페셜리스트'의 방향성을 유지할 것인지, 아니면 흠모하던 신사업을 하는 '기획 제너럴리스트'로 방향성을 틀 것인지가 고민이라고 했다. 그는 이 문제를 10년 차가 된 지금까지는 한 번도 생각해 본 적이 없었다. 어찌하다 보니 스페셜리스트 커리어로 성장했는데 의도적으로 결정하지는 않았기 때문이다.

본인의 커리어 방향성을 스스로 선택하지 않았다고 좌절할 필요는 전혀 없다. 그 누구도 "그래! 결심했어! 오늘부터는 스페셜리스트가 될 거야!"라고 결심한 뒤 커리어의 방향성을 단칼에 선택하지는 않는다. 하지만 사람은 자신이 좋아하는 쪽으로 나아가려는 성향을 가지고 있기 때문에 본인이 의도적으로 선택하지 않았어도 원하는 방향으로 잘 흘러갔을 가능성이 높다.

대학교 전공을 선택하던 시간으로 되돌아가 보자. 누구나 '아, 이 공부는 죽어도 하기 싫은데'라고 생각하는 유독 싫은 공부가 있다. 나에게는 아빠가 평생을 몸담았던 기계공학이 그런 공부였다. 나는 지금도 가장 존경하는 사람이 아빠일 정도로 아빠의 커리어를 존경하고 그 길에 대한 관심도 있었지만 막상 대학교 전공을 선택할 때는 기계공학을 단 1초도 고민하지 않았다. 고민했던 것은 경영학과 심리학 정도였다. 그 결과, 가족들 아무도 추천하지 않은 경영학을 선택했다. 의식적으로 나의 커리어 방향성이나 성향을 파악하고 고른 전공은 아니었지만, 사실상 내가 좋아하는 것이 반영된 선택이었다. 그렇게 나는 경영학과 함께 제너럴리스트로의 커리어를 시작했다.

반면, 대학교 때부터 하나의 우물을 파겠다고 결정해서 스페셜리스트가 된 케이스는 우리가 흔히 말하는 전문직이라고 할 수 있다. 전문직의 대표는 의사, 변호사, 박사 등이 있을 것이다. 그렇다면 일반적인 회사 내에도 이런 스페셜리스트가 있을까? 대학교 때 카네기 멜론이라는 학교의 특성상 공학과 건축을 전공한 친구가 많았다. 졸업 20년 차인 지금 많은 동문이 개발자, 디자이너, 건축가 등의 직업을 가지고 20년째 하나의 우물을 파는 과정을 옆에서 보게 된다.

스페셜리스트도 제너럴리스트의 길을 고민한다

지금은 스페셜리스트인 전문직도 제너럴리스트가 되고자 고민하고 있는 시대다. ITM 건축연구소 유이화 대표는 IF 디자인 어워드 건축 부문 본상을 여러 번 수상한 우리나라를 대표하는 건축가다. 요즘 그와 티타임을 하다 보면 건축설계보다 영업과 이와 기반하는 구청 업무에 시간을 많이 쏟는다는 이야기를 한다.

여러 가지 업무로 바쁜데도 불구하고, 그는 나와 함께 경영학 박사 과정을 밟고 있다. 우리의 수업은 보통 토요일, 일요일에 걸친 주말에 진행되는데, 그는 수업 때마다 큰 가방을 끌고 온다. 제주도에 바로 내려갈 준비를 하는 것이다. 그가 제주도에 1년에도 수십 번씩 가는 이유는 그의 아버지이자 우리나라를 대표하는 건축가 유동룡(이타미 준)의 뜻을 이어 유소년들에게 건축을 알려주는 공헌사업을 하고 있기 때문이다. 그는 돈 한 푼 남지 않는 공헌사업을 통해 어떻게 하면 한국의 유소년이 건축을 바라보는 시각을 발전시킬 수 있을지 매 순간 고민한다. 우리는 생존을 위해서, 혹은 우리의 존재가치를 증명하기 위해서 딴짓을 한다.

의사 커뮤니티인 메디게이트에도 매년 '딴짓하는 의사들'이란 특집기사를 기고하는데, 의사들도 환자 진료만이 아닌 다른 일을 한다. 요즘 의사들의 꿈은 유튜버가 되는 것이라는 우스갯소리도 있다. 개인 방송이나 책을 쓰는 의사들, 제약회사나 투자자가 된 의사들, 이들 모두 자기 영역을 확장하기 위해 다른 우물을 캐는 경우다.

의사 출신 1호 벤처캐피털리스트인 문여정 상무에 대한 메디게이트 기사를 봤다. 그는 메르스가 터졌던 시기에 동네 증권사 애널리스트 엄마들과 우연히 대화를 했다고 한다. 메르스로 인해 곧 마스크나 소독약 등이 부족할 것이라는 의견을 공유했고, 제약사에 투자하는 것을 제안하며 좋은 결과를 얻었다고 한다. 그 계기로, 투자업에 흥미가 생겨 이직을 했고 본인의 이력을 살린 헬스 케어 전문 벤처캐피털리스트로 탄탄대로를 걷고 있다. 지난 8년 동안 바이오 및 헬스 케어 투자 분야에서 대체 불가능한 투자 능력을 보여준 문여정 상무는 2021년 헬스 케어에 특화한 펀드를 결성했고, 펀드레이징 착수 3개월 만에 789억 원 규모로 펀드 결성을 완료하면서 모두를 깜짝 놀라게 했다.

회사에서는
제너럴리스트가
승리한다

조직에서 승진을 여러 차례 하고 결국 리더가 되는 타입을 살펴보면, 스페셜리스트보다는 제너럴리스트가 더 많다. 대표적인 예로, 지금 다니는 회사는 개발자와 디자이너 임원은 20명 내외이고, 다른 조직의 리더는 60명이다.

스페셜리스트는 전문적인, 나쁘게 말하면 호환이 어려운 역량을 보유한 사람이다. 다른 부문의 임원 티오TO가 생기더라도 그 조직으로 옮겨서 임원이 되는 것이 어렵다. 반면 제너럴리스트는 다른 조직에서 임원이 되는 것이 가능하다. 나는 상품 기획으로 커리어를 시작했지만, 곧 마케터로 전환한 제너럴리스트다. 그리고 이를 기반으로 브랜드 마케팅 팀장으로 성장했다. 브랜드를 만들고 이를 성장시킨 경험을 바탕으로 신규 사업을 멘토링할 수 있었다.

제너럴리스트는 성장이 빠르다

LG유플러스에서 신사업을 육성하기 위해 프로그래머를 많이 뽑은 적이 있다. 삼성에서 스타 개발자로 일하다 이직한 J님이 유플러스에 수십 명의 프로그래머를 영입했다. 그에게 프로그래머들을 뽑을 때 가장 어려운 점이 무엇이냐고 물어보았더니, 초창기에는 개발자 풀이 없어서 힘들었다고 했다. 프로그래머들은 혼자만의 힘으로 성장이 어려운 편이라 앞으로 어떤 개발자들과 동료로 일하게 되느냐, 도제식으로 어떤 선배 개발자가 이끌어주느냐에 따라서 커리어가 달라진다는 것이다. 좋은 개발자를 만날 확률, 좋은 개발자가 나를 끌어줄 확률, 그리고 좋은 개발자에게 배우고 성장해서 또 다른 멘토를 계속 찾아야 한다는 점에서 성장에 제한이 있다.

반면 제너럴리스트는 성장의 기회가 넓다. 꼭 누군가에게 배워야만 성장하는 것이 아니다. 나 또한 그 누구도 교육 자

료를 만드는 방법을 가르쳐준 적이 없지만 지금은 사내 스타
강사다. 유튜브와 실전을 통해 다른 이들의 강의를 열심히
보고 따라 했다. 그리고 무작정 수업에 던져져 거기서 살아
남는 방법을 터득했다. 물론 주변의 가감 없는 피드백이 성
장을 가속화시키기는 했다.

제너럴리스트로 일을 수행하면 더 많은 사업과 업계, 직군
을 경험할 수 있어 더 빨리 성장하고 더 많은 성과를 낼 수
있다. 작가 제시카 해기Jessica Hagy에 따르면 성장은 내가 편한
공간이 아닌 곳에서 벌어진다고 한다. 내가 편한 곳에서 나
를 밀어내야만 성장이라는 마법을 경험할 수 있다.

얼마 전, 잡코리아×알바몬의 윤현준 대표와 저녁을 먹
었다. 그는 우아한 형제들(배달의 민족)의 창업 멤버, CTO,
COO, 그리고 대표이사를 지내면서 수십 개 이상의 신규 사
업을 론칭한, 그야말로 성공한 리더다. 지금은 잡코리아의
CEO로 26년 차 중견기업인 잡코리아×알바몬의 플랫폼 전
환을 총괄하고 있다. 기계공학도였던 그가 COO, CEO로서
의 제너럴리스트 커리어를 가질 수 있었던 것은 회사에서
'아무도 하지 않으려고 했던 힘든 일'을 자진해서 했기 때문
이었다.

우리 모두 익숙한 업무를 하는 것을 좋아한다. 하지만 우리가 잘하는 업무만 해서는 성장할 수 없다. 그리고 회사는 우리가 잘하는 업무보다는 새로운 동력을 가지고 올 수 있는 '아무도 하지 않으려고 했던 힘든 일'을 할 사람을 구하고 있다.

이때 손을 들고 나가 그 사업을 진행하고 성공하라. 실패해도 괜찮다. 어차피 가만히 있다고 실패가 아닌 것은 아니다. 이미 도전하지 않은 것으로 실패한 것이다. 그러니 모두가 기피하는 일, 모두가 힘들어하는 일을 하라. 그럼 회사는 당신에게 어떤 방식으로든 고마움을 표현할 것이다.

지금 당신 주변을 살펴보라. 회사에서 꼭 해야 하는데, 아무도 건드리지 않는 일, 그 일을 하라. 그것이 당신이 회사를

제시카 해기의 마법이 일어나는 일

바꾸고 당신이 성장할 기회다. 나는 사내 강의를 진행하면서 《마인드셋》이라는 책을 자주 강조한다. 이 책에 따르면 마인드셋에는 두 가지 종류가 있는데, 하나는 고정 마인드셋이고, 또 하나는 성장 마인드셋이다. 고정 마인드셋은 실패 확률이 적은 쉬운 일을 희망하는 사람들의 마인드셋이다. 성장 마인드셋은 성공은 보장되지 않지만 생소한 일을 시도해 보는 마인드셋이다. 저자는 성장 마인드셋을 가진 사람들에게서 특별한 특징을 발견하는데, 그것은 실패를 두려워하지만 넘어져도 다시 일어날 힘을 갖고 있는 것이었다.

어느 날 마법 같은 일이 일어날 가능성은 희박하다. 수천 번은 넘어지고 또 일어나기를 반복해야 그리던 꿈이 성큼 다가올 것이다. 성장하기를 원하는가? 그럼 당신의 회복탄력성을 믿고, 세게, 그리고 빠르게 넘어져라. 그래야 성장할 수 있다.

마법이 일어나는 일 예시

- 일정이 촉박한 일
- 이익이 낮은 일, 성공하더라도 업적을 인정받기 어려운 일
- 사람들이 피하는 사람과 일하는 일
- 분쟁과 갈등이 있는 일, 조정이 필요한 일

제너럴리스트는 호환 가능하다

스페셜리스트의 길을 걸었다고 해서 커리어를 바꿀 수 없는 것이 아니다. 스페셜리스트에서 제너럴리스트로 전환하면 더 큰 성공을 할 수 있다.

카네기 멜론 동창인 사공훈은 컴퓨터 공학을 전공했다. 막상 학교 다닐 때는 그를 만날 기회도 없었다. 우리 학교에서 악명 높은 코딩 수업을 한 번 들어본 적이 있는데, 밤을 새우고 공부했는데도 겨우 C를 받았다. 그는 그런 수업을 수십 개를 들었으니 거의 유령처럼 학교를 다녔고 새벽에 야식 먹을 때를 빼고는 그를 본 기억이 거의 없다. 사공훈은 처음에는 개발자로 커리어를 시작했지만, 곧 부동산 관련 스타트업을 차렸다. 지금까지 약 50개의 사업을 시작해 성공도 하고 실패도 했는데, 사실 그 사업들의 공통분모는 '새로운 도전'이라는 것밖에 없다. 그가 창업한 아크앤북은 서점과 문화를 공유하는 복합문화공간으로 자리 잡았고, 맛집 큐레이션으로 론칭한 푸드코트는 전국 이마트에 입점했다. 심지어 50개의 창업 중에는 나이트클럽도 있었다.

"훈, 너는 무슨 기준으로 창업하니?"

"시장을 바꾸고 싶은 기회가 보이면."

그는 도전을 거듭한다. 얼마 전 미술품 거래 플랫폼 알튜를 야심 차게 론칭한 그가 또 한 번의 성공을 할 것이라고 나는 믿어 의심치 않는다. 왜냐하면 그는 프로그래밍이라는 학문을 끝까지 파본 경험이 있고, 그 경험을 바탕으로 본인의 우물을 수십 개 만들었기 때문이다. 이런 노하우가 있는 사람은 어떤 어려운 환경을 만나도 우물을 만들 수 있다.

커리어의 호환성을 가지고 있는 다른 예로 LG유플러스의 J님이 있다. 그는 임원이 되기 전까지는 20년간 전략 컨설팅 업을 하면서 수십 개의 프로젝트를 진행했다. 여러 고객와 일을 했고 그중 한 프로젝트가 인사 관련 컨설팅 프로젝트였다. 이 프로젝트를 통해 조직을 기획하고 운영할 수 있는 능력이 생겼다. 그가 가졌던 우물을 살펴보면, 전략 우물 하나, 컨설팅 우물 하나, 그리고 인사 우물 하나다. J님은 지금 LG유플러스에서 '사업도 잘 이해하는 인사 담당'으로 호평받고 있다.

제너럴리스트가
되는 방법

2030의 커리어에서는 어떻게 제너럴리스트가 될 수 있을까? 스페셜리스트와 제너럴리스트를 '불편함'의 기준에서 살펴본다면 스페셜리스트는 내가 익숙하고 편한 직군에 지속적으로 머무는 것이고, 제너럴리스트는 내가 익숙하지 않은 직군을 계속 찾아나서는 것이다.

불편해야 한다

불편함을 추구하라. 편한 일과 이별하고 불편한 일을 경험하라. 커리어를 성장시키기 위해서는 무엇이든 빠르게 시도하고 성공 혹은 실패를 경험해야 한다. 회사 내외 다양한 업무로 여러 우물을 파보자. N잡러처럼 과감히 부업을 시작해도 좋다. 하지만 당장 부업을 시작할 용기가 나지 않는 사람에게는 회사 내 '불편한 일'을 추천한다.

에이미 브제스니에브스키Amy Wrzesniewski와 제인 더튼Jane Dutton의 잡 크래프팅Job Crafting 이론에 따르면 회사 내에서도 과업 가공Task Crafting을 하는 사람이 더 많이 성장한다고 한다. 업무 외 다른 영역의 업무로 확장하는 것을 말하며, 가장 중요한 것은 자발적으로 나서야 한다는 점이다. 나와는 상관없는 인사 관련 일이지만, 신규 입사자가 잘 적응하도록 코칭하는 일 등이 이에 해당한다. 이렇게 나에게 주어진 일 말고 다른 일을 하면서 불편하지만 새로운 업무를 경험해 보자.

인간관계도 마찬가지다. 편한 사람과 이별하고 불편한 사람을 만나야 한다. 처음 만나는 사람이 아닌데도 계속 불편한 사람이 있다. 바로 직급이 높은 사람이다. 그래서 보통 회사 내 가장 불편한 사람은 임원진이다. 나와 친분을 쌓은 리더와만 일하면 그 사람의 피드백만 받을 수 있다. 다른 조직의 리더에게 내 아이디어를 소개해 보자. "고견을 듣고 싶습니다"라는 이메일을 쓰는 순간부터 가슴이 쿵쾅쿵쾅 요동치지 않는가? 이런 연습을 통해 높은 직급의 사람들을 더 많이 만날 수 있고 리더들이 사고하는 방법을 이해할 수 있게 된다.

얼마 전 선임급인 J에게 한 상무에게 이메일을 보내라고 지시했는데 "제가 상무님에게요?"라며 두려움을 표시했다. 일은 일이고 그냥 상무에게 이메일을 보내는 것뿐이니 두려워하지 말라고 다독여줘야 했다.

새로운 사람을 만나는 것을, 그리고 높은 직급의 사람을 만나는 것을 두려워하지 말라. 당신이 하는 일이 그에게도 도움이 될 것이다. 어차피 임원이 되더라도 회사 내의 일을 더 많이 알 수 있는 기회는 임원 간의 소통뿐만 아니라 구성원과의 소통에서 일어난다. 당신이 하는 일이 그에게도 반가운 일임을 명시하라.

여기서 잠깐, 회사 내 정보에 대해 알아보자. 정보는 세 가지로 분류할 수 있다. 푸시Push 정보, 풀Pull 정보, 그리고 인터랙티브interactive 정보다.

앱 푸시처럼 주어지는 정보를 푸시 정보라고 할 수 있다. 대표적인 예는 구독하고 있는 뉴스레터나 유튜브 같은 정보다. 회사 내에서 일방향으로 만드는 영상 정보도 이에 속한다.

풀 정보는 내가 찾아야 하는 정보다. 검색을 통해 알아보거나 자료를 리뷰해서 얻어낼 수 있는 정보다. 풀 정보를 얻는 과정은 푸시 정보보다 힘들다. 힘들다는 의미는 여러 가지로 해석되는데, 그만큼 노력이 투입된다는 것이다.

인터랙티브 정보는 누군가와 교류하면서 푸시형과 풀형이 같이 벌어지는 것이다. 그래서 즉시성과 협업성을 가지고 있다. 특히 이메일은 인터랙티브 정보다. 나에게 큐레이션된 특별한 푸시와 함께, 내가 회신하고 질문할 수 있는, 그리고 나의 의견을 더할 수 있는 공간이 생기기 때문이다. 그래서 누군가가 우리에게 이메일을 보내준다면, 이는 인터랙티브 정보 교류를 오픈한 것이므로 우리는 발신자에게 고마워해야한다.

나는 모든 이메일을 최대한 빨리, 그리고 잘 이해하고 답변하려고 노력하는 편이다. 주말이 아니라면 당일 회신을 원칙으로 삼고 있다. 내가 누군가에게 이메일을 쓰는 것은 선물을 주는 것과 같으니 좋은 선물을 줄 수 있도록 깔끔하게 정리하려고 노력하는 편이다.

이제 선물을 주고 받을 준비가 됐는가? 이메일을 쓰는 것이 더 이상 두렵지 않을 것이다.

회사 밖에서도 불편한 사람을 만나라. 성격이 MBTI의 외향형인 E라도 가장 불편한 사람은 처음 만나는 사람이다. 나는 지금 회사의 리더급과 북클럽을 운영하는데, 매번 "어떻게 또 모르는 리더급들이랑 세 시간 동안 이야기하지?"라며 북클럽 시간이 두렵다. 나와 극단적으로 다른 업무를 하는 사람도 불편하다. 하지만 어떤 공통분모가 있는지도 모르는 사람들을 찾아나서야 한다. 내가 택시비 10만 원을 내면서도 판교의 커피 챗을 찾아가는 이유는 완전 다른 업계의 사람들을 만날 수 있기 때문이다.

사람들과 대화를 나눌 때도 편한 이야기와 이별하고 불편한 이야기(비판적인 피드백)를 들어야 한다. 나에게 좋은 피드백만 주는 동료, 상사, 그리고 거래처 사람들보다는 나에게 다소 불편한 피드백을 주는 사람들을 만나야 나를 더 성장시킬 수 있다.

서강대학교 박사 과정 동기인 박상준은 연쇄 창업가라는 별명을 갖고 있다. 그가 창업한 세 번째 회사가 상장되면서 대박이 났지만 첫 사업은 처절히 망했다. 첫 회사는 온라인 커머스로 보세 옷을 P2P로 연결해 주는 모델이었다. 그가 처음 서비스를 구상하던 단계에서 많은 지인과 아이디어를 논의했다고 한다.

"이 보세 옷 쇼핑몰 아이디어 어때?"

"너무 괜찮다! 당장 퇴사하고 차려야 할 것 같은데?"

지인들의 이야기를 듣고 잘 다니던 벤처캐피털 회사를 그만두고 창업을 했다. 그의 창업 동기는 '나와 생각이 같은 사람들'로 꾸렸다. 그의 창업 멤버들은 어느 순간 서로에게 동화되며 결국 어느 한 사람도 사업 아이디어에 이견을 제시하지 않았다. 서비스를 론칭했으나 고객은 없었다. 그는 결국 신용불량자가 되면서 첫 창업을 접었다.

마치 소울메이트처럼 내가 '듣고 싶은 이야기'만 해주는 사람들을 멀리해야 한다. 나에게 솔직한 이야기를 해줄 수 있는 사람, 나에게 싫은 소리, 불편한 소리를 해줄 수 있는 사람들을 만나야 우리는 성장할 수 있다.

취미를 만들어야 한다

그다음으로는, 취미를 통해 다른 역량을 쌓아라. 얼마 전 트레바리의 '커리어 엑셀러레이팅' 시간을 통해 《일놀놀일》이라는 책을 리뷰했다. 책 리뷰를 통해 참여자들에게 덕업일치가 목적이 아닌, 취미 활동을 통해 역량을 향상시키는 방법을 공유했다. 우리가 쉽게 말하는 취미를 좀 더 깊이 있게 디깅Digging해 보는 것이다. '디깅'은 스타 강사이자 MKYU의

김미경 대표의 강연에서 접한 표현으로 나의 업무와 상관없는 한 분야에 많은 시간과 열정을 쏟는 것을 디깅이라고 표현한 것이다. 그는 좋아하는 것을 꾸준히 디깅하라고 말하며 오늘을 재미있게 살면 10년 후의 방향이 잡힌다고 했다.

나는 요즘 유튜브에서 유명한 강사들의 성공 스토리와 강의를 보면서 디깅한다. 특히 심리 상담 관련 이야기들이 주된 내용인데, 이런 내용을 리뷰하다 보니 사람들이 듣고 싶어 하는 강의 내용이 무엇인지 알 수 있었다. 오은영 박사의 금쪽이 시리즈와 양재진 정신과 의사의 상담 내용이 지금 MZ 타깃층이 필요로 하는 멘토링이 아닐까 싶다.

이런 내용을 기반으로 예전에는 기존 산업에 대해서만 엑셀러레이팅해 줄 수 있었다면, 이제는 한 사람의 직장 생활에 대한 멘토링을 좀 더 체계적으로 접근할 수 있는 나만의 노하우를 축적할 수 있었다.

수많은 리더를 인터뷰하면 늘 하는 이야기가 바로 '책'이다. 한 작가는 "어떤 책을 읽느냐가 그 사람의 10년 후를 결정짓는다"라고 입버릇처럼 말했다. 당신이 지난 한 달 동안, 혹은 1년 동안 읽은 책들을 나열해 보아라. 그 책이 어떤 미래를 그리고 있는지를 보여줄 것이다.

얼마 전 메가커피의 김대영 대표를 만나 책 이야기를 나눴는데, 그는 예전부터 힘들 때마다 인문학 서적을 봤다고 말했다. 인문학에 경영에 대한 해답이 있다고. 단순히 하나의 일을 하더라도 내가 하는 일에 의미를 부여하고 그 일을 더 사랑할 수 있게 되는 것이 인문학의 힘이라고 했다.

기술을 이해해야 한다

마지막으로 미래 기술을 이해하려는 노력이 필요하다. 기술 관련 스페셜리스트만이 기술을 이해해야 한다는 것은 고정관념이다. 세상은 빠르게 변하고 있고 다양한 산업군에 대해 이해하기 위해서는 기술에 대한 이해가 필요하다. 그래서 내가 빠지지 않고 일주일에 서너 개씩 챙겨보는 영상이 TED Talk다. 특히 기술 관련 TED는 새롭게 생기는 산업군에 대한 이해도를 높여준다.

얼마 전 회사의 한 팀장과 '스마트 시티'에 대해 이야기를 나눴다. 그는 나에게 "일레인 님이 스마트 시티는 왜요?"라고 물어보았는데, 나는 나의 저변을 넓히는 작업을 하고 있다고 말했다. 회사 내에 작건 크건 많은 스마트 시티, 스마트 홈, 그리고 스마트 카에 대한 사업이 진행되고 있는데 나 또한 그 사업에 언제든 투입될 수 있다는 메시지를 전달하고 싶었다. 내가 MZ 타깃 사업의 엑셀러레이팅뿐만이 아닌, 신기술의 엑셀러레이팅도 가능하다는 메시지를 티타임을 통해서 넌지시 전달했다.

이제, 어떤 신기술의 엑셀러레이팅 관련 인재 영입 이야기가 나온다면 '아! 일레인 님이 이런 부분에 관심이 많았지'라면서 나를 기억하게 될 것이다. 나의 저변을 주위에 알리는 것, 이것이 스페셜리스트에서 제너럴리스트로의 전환의 시발점이 될 수 있다.

7장

Look Up
_'왜'를 질문하라

'왜'라고
질문해야 하는 이유

나는 학창 시절에도 생각이 많았던 탓에 생활기록부에 "집중하지 못한다"라는 선생님의 평이 적혀 있었다. 진짜 집중하지 못하는 학생들은 저 멀리 뒷줄에서 딴생각이나 하고 선생님 말씀에 별로 반응하지 않았다. 하지만 선생님들이 내가 '집중하지 못한다'라고 느꼈던 포인트는 내가 질문을 많이 해서였던 듯하다. 궁금한 점이 생기면, 선생님 말씀을 끝까지 다 듣지 못하고 충동적으로 질문했다. 그래서 초등학교 때 별명은 '질문왕'이었다.

지금에야 '질문하는 사람=호기심이 충만한 사람'이라고 생각하지만 당시만 해도 선생님은 설명하고 학생들은 수동적으로 받아 적어야만 했다.

이런 나의 호기심이 가장 큰 문제가 될 때는 시험이었다. 시험 문제에서 이상하게 생각되는 어휘나 표현을 보면 문제에 제대로 집중하지 못했다. 한번은 모든 객관식 문제를 주관식 답으로 제출했다. 이걸 어떻게 채점해야 하는지에 대해서 선생님들끼리 따로 토론을 했다고 한다. 토론 결과는 낙관적이지 않아서, 주관식으로 한 답변이 맞는다고 한들 반은 맞고 반은 틀리게 하자고 결정을 내렸고 100점 만점에 50점의 성적표를 들고 왔던 경험이 있다.

질문해야 성장한다

하지만 미국에서는 완전 달랐다. 미국은 질문은 질문으로 대하지 반대 의견이나 태클로 받아들이지 않는 문화다. 이런 문화가 지금 다니고 있는 회사에서도 동일하게 받아들여지는 편이다. 질문하지 않는 대화는 일방적이다. 미국에서는 모든 미팅이 끝나기 전에 "Any questions?"이라고 묻는다. 정말 질문을 하라는 의도다. 하지만 한국에서는 질의 시간 자체가 없을 때도 많고, 질의응답 시간이 있다 해도 5분 내외로 정리되는 경우가 많다. 질문을 해야 서로의 아이디어에 아이디어가 더해져서 진정한 공감을 얻을 수 있다.

그럼 어떤 질문을 해야 할까?

- 목적에 대한 질문
- 기간에 대한 질문(예상 기간)
- 이전에 시도했을 때의 어려움에 대한 질문
- 도움이 예상될 때 도움을 요청할 수 있는지에 대한 질문

사이먼 시넥Simon Sinek은 경영계의 스타 강사이자 베스트셀러 저자다. 그는 '위대한 리더가 공감을 주는 방법How Great Leaders Inspire Action'이라는 강의에서 어떠한 업무를 하기 위해서 What, How보다 중요한 것이 Why라고 했다. Why가 중요한 이유는 Why가 그 일을 하는 목적이기 때문이다. Why는 한 회사의 존립 이유, 한 팀의 존립 이유를 위해 존재한다. 당신이 하는 매일의 과업에도 존재한다. 당신이 그 일의 Why를 이해하지 못한다면, 그 일을 하기 위한 동기를 제대로 발휘할 수 없다.

시넥은 애플을 예로 들었다. 애플이 단순히 핸드폰을 파는 회사였다면 디자인과 보안 시스템에 막대한 비용을 투자할

수는 없었을 것이다. 하지만 애플이 사람들이 열광하는 테크를 포함한 모바일 라이프 스타일을 선물하는 회사로 Why를 바꾸는 순간, 애플의 존재가치에 의미가 생긴다.

내가 좋아하는 아웃도어 브랜드 파타고니아Patagonia의 미션은 환경이다.

"우리는 이 행성을 구하기 위해 존재한다We are here to save the planet."

그들이 단순히 아웃도어 의류만 잘 팔면 되는 회사가 되는 순간, 회사의 존재가치가 희석될 것이다. 환경을 최우선하기

사이먼 시넥의 골든 서클(Golden Circle)

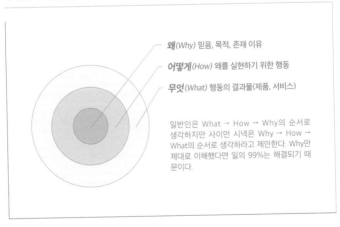

왜(Why) 믿음, 목적, 존재 이유

어떻게(How) 왜를 실현하기 위한 행동

무엇(What) 행동의 결과물(제품, 서비스)

일반인은 What → How → Why의 순서로 생각하지만 사이먼 시넥은 Why → How → What의 순서로 생각하라고 제안한다. Why만 제대로 이해했다면 일의 99%는 해결되기 때문이다.

에 그들이 하는 모든 이익 활동은 환경과 직결된다. 오래된 옷을 가져오면 수선하기, 환경보호 캠페인, 모든 생산공정에서 지속가능한 제조업을 유지하기 모두 환경으로 직결된다.

왜가 정리되지 않는다면, 어떻게와 무엇도 찾을 수 없다. 경주마가 왜 이겨야 하는지 모르는 채 뛰는 것과 동일하다. 내가 왜 뛰어야 하는지를 이해해야 주도성이 발현될 수 있다.

질문해야 내가 일하는 이유를 알게 된다

어떤 요청에 목적인 Why를 이해한다면, 나머지 What과 How는 자연스럽게 결정된다. 여기에 추가적으로 시급성과 대상을 이해하면 좋다.

첫째, 일의 중요도를 판단하기 위해서는 시급성을 판단하는 것이 중요하다. 여러 가지의 일 중 우선순위를 정하게 된다면 나에게 정말 중요한 일, 내가 꼭 해야 하는 일을 선정할 수 있기 때문이다.

"그래, 지금! 시급한 일이야!" vs. "지금이 아니야. 꼭 안 해도 되는 일이야."

둘째, 누구를 위해서 업무가 진행돼야 하는지를 정리하라. 다른 사람에게 왜 필요한 업무인지를 이해해야만 나에게 이 일이 어떤 의미가 있는지를 이해할 수 있다. 그러한 이해를 바탕으로 우리의 동기가 발휘된다. 내가 해야 하는 이유를 정리해 보자.

- **"나면 좋지!"** 누군가가 해야 하는데, 내가 남들보다 잘하기 때문이야.
- **"나여야만 해."** 누군가는 해야 하는데, 할 수 있는 사람이 나밖에 없기 때문이야.
- **"나에게 좋지."** 다른 사람도 할 수 있긴 한데, 내 성장에 제일 도움이 되기 때문이야.

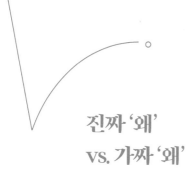

진짜 '왜'
vs. 가짜 '왜'

세상에는 '진짜 Why'와 '가짜 Why'가 존재한다. 얼마 전 LG유플러스 6년 차 직원을 멘토링했다. 그는 돈이 본인의 'Why'라고 말했다. 결혼 1년 차의 신혼인데 빠른 시일 안에 많은 돈을 벌어서 와이프를 행복하게 해주고 싶다고 했다. 또한 아이를 세 명 이상 낳고 그들을 풍족하게 키우는 것이 꿈이라고 했다. 그에게 돈은 수단뿐인 '가짜 Why'라고 말했더니 당황스러워했다. 결국 돈이 있건 없건 그에게는 행복한 가족을 만드는 것이 '진짜 Why'다.

수단은 수단으로의 목적을 다하면 그 존재 이유가 사라지지만 '진짜 Why'는 그 자체만으로도 존재 이유가 분명하다. 그 직원의 '진짜 Why'인 가족의 행복에는 일정한 금액의 돈이 필요한데, 오늘 그가 '가족의 행복'을 위해 필요한 돈을 다 벌었다면 더 큰 돈을 벌기 위해서 무리할 필요가 없다. 그는 100억만 있으면, 바로 회사를 그만두고 더 이상 경제활동은 안 하겠다고 했다. 반면 '진짜 Why'가 돈인 사람은 아무리 큰 돈을 벌어도, 더 큰 돈을 벌기 위한 노력을 멈추지 않을 것이다.

늘 Why를 이해하고 일해야 자신도 그 일을 위해서 최선을 다할 수 있고 동기가 발휘될 수 있다. 자, 이제 내 Why가 정립됐다면, 이를 잘 점검할 수 있도록 커리어 그래프를 꾸준히 그려야 한다. 내 Why가 Y축에 가게 그려라. 그럼, 언제 커리어 그래프를 그려야 할까?

진짜 '왜'를 찾기 위해 커리어 그래프를 그려라

커리어의 방향이 헷갈릴 때 커리어 그래프를 그려라. 매슬로의 욕구 단계 이론에 따르면, 사람은 가장 기본적 차원인 생리적 욕구에서부터 최고 차원인 자아실현의 욕구를 추구한다. 직업은 기본적으로 'job'이라고 번역되고, 커리어는

매슬로의 욕구 피라미드

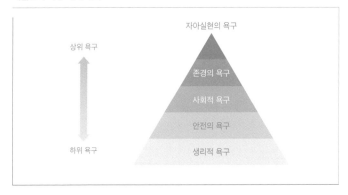

'career'라고 번역된다. Career는 방향을 의미한다. 우리가 돈을 버는 하나의 통상적인 Job을 갖게 되는 이유는 생리적, 안전, 소속감 때문이다. 하지만 커리어는 방향성으로, 이는 존경의 욕구와 자아실현의 욕구를 어떻게 충족시켜주는지가 결정짓는다. 여기서 내가 무엇을 원하는지가 내 욕구 피라미드에서 표현돼야 하는 개념이다.

인터넷에 떠도는 수많은 커리어 그래프 중 보편적으로 공감할 수 있는 커리어 그래프를 하나 뽑아보았다. '용리단길'의 핫플레이스 쌤쌤쌤과 테디뵈르 하우스의 오너 셰프 김훈의 커리어 그래프로 이 그래프의 핵심은 높낮이의 폭이다. 이 폭이 지속적으로 크지 않고 적당하게 유지되고 있다면 그리 크게 모험을 하지도, 크게 실패하지도 않은 커리어라는

커리어 그래프의 예: 김훈 셰프의 커리어 그래프

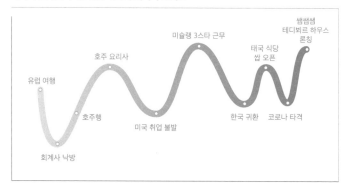

것이다. 무엇인가가 올라가려면 일 보 후퇴와 이 보 전보를 겪는 경우가 많다. 아무런 행동 없이 0에서 갑자기 파괴적 성장을 하는 것이 아니다. 무엇인가를 시도할 때, 그 시도가 마이너스로 보일 수는 있겠지만, 갑자기 성장하는 양상을 보이는 것이다.

커리어 그래프를 위한 준비물

커리어 그래프를 그리기 위한 준비물이 세 가지 있다. 첫째, 벌거벗은 마음이 필요하다. 커리어 그래프는 그 누구도 아닌 내 현재를 파악하기 위한 과정이자 결과물이다. 우리가 건강검진을 할 때 솔직해질 수 있는 이유는 MRI나 CT를 찍기 위해 실오라기 하나 없이 벌거벗은 신체를 그대로 보여주기 때문이다. 커리어 그래프도 마찬가지로 마음을 벌거벗겨야 한다. 잘 보이고 싶은 마음, 남들보다는 잘했다고 생각하고 싶은 마음, 최악은 피했다고 생각하는 마음, 그런 마음을 모두 벌거벗겨야 한다. 내 커리어를 제대로 파악하기 위해 마음을 벌거벗어야 한다.

둘째, 좋은 타이밍이다. 평상시에도 그렇지만, 어떤 날은 정말 회사에 가기 싫은 날이 있다. 나에게는 준비되지 않은 발표를 해야 하거나 원하지 않는 업무 미팅을 해야 하는 날이 그런 날이다. 이런 날은 커리어 그래프를 그리기에 적절하지 않은 날이다. 한숨 나오는 날에 그린 커리어 그래프는 현실을 나쁘게 왜곡한다. 반면 월급날이나 오랜 시간 준비한 자료로 인정받을 것이 기다려지는 날도 있다. 그런 날도 적절한 날은 아니다. 콧노래를 흥얼거리며 일하는 나의 모습에 심취한 날은 커리어를 너무 과장할 수 있기 때문이다. 그래서 커리어 그래프를 그리기 좋은 최적의 날은 한숨과 콧노래의 딱 중간 날, 그냥 숨이 쉬어지는 그런 날이다.

셋째, 기준 축을 알아야 한다. 커리어 그래프의 Y축인 '성장'을 알고 싶다면, 나에게 성장이 의미하는 바를 정리해야 한다. 누군가에게는 월급이 올라가 자신이 받는 보상이 많아지는 것이 성장일 테다. 또 누군가에게는 새로운 것을 배워 역량을 올리는 것이 성장일 것이고 누군가에게는 회사 내외 인맥을 다양하게 만들며 네트워크를 넓히는 것이 성장일 것이다. 내가 생각하는 성장의 기준 축은 무엇인지를 알아야 원하는 방향과 올바른 방법으로 커리어 그래프를 그릴 수 있다. 우선 자신이 생각하는 성장이란 무엇인지 고민해 보자. 물론 꼭 하나일 필요는 없다. 역량을 높이고 보상을 받는 것 또한 성장이니까.

- **보상의 성장** 월급의 상승
- **역량의 성장** 새로운 것을 배움
- **직급의 성장** 직급, 월급 등이 성장
- **권한의 성장** 내 의사 결정권 범위의 성장
- **네트워크의 성장** 나의 회사 내외 인맥의 성장

LG유플러스에서 나와 가깝게 지내는 E님은 본인이 회사에 미칠 수 있는 영향Impact이 일의 동력이었다. 그는 '본인에게 영향받는 사람의 수'와 '그 영향의 중증도'를 표기하는 두 개의 커리어 그래프를 그리면서 지속적으로 많은 사람에게, 더 깊은 영향을 주고 있는지를 체크한다. 그리고 좀 더 많은 영향을 줄 수 있는 방법에 대해 매 순간 고민한다.

8장

Build Up
_ 예민함이라는
무기를 사용하라

예민해도
괜찮은 이유

예민한 사람은 민감하고 세심하다. 일을 꼼꼼하게 마무리한다. 디테일이 명품을 만든다고 하니, 예민한 사람은 중요하면서도 꼭 필요한 존재다. 그런데 우리는 왜 예민하다는 말을 부정적으로 쓸까? 예민한 사람은 상처를 잘 받고, 불필요한 일에 신경을 쓰고, 남을 지나치게 배려한다는 편견이 있기 때문이다. 예민한 성향은 회사 안에서도 부정적일까? 아니다. 회사에서 예민함은 경쟁력이다. 예민하다는 말은 영어로 'Sensitive'라고 사용할 수도 있지만, 정확하게는 'Sensible'이 맞다. 작은 변화에도 민감하게 대응할 수 있는 힘이다.

예민한 사람은 디테일에 강하다

오감이 발달한 예민한 사람들은 남들이 놓치는 미세한 점을 발견하는 시각이 좋다. 또한 제품의 하자를 발견하는 촉각이 좋고 다른 사람의 말을 알아듣는 청각 또한 좋다.

나와 같이 일하는 리더 중에 LG 그룹사를 통틀어 최초의 여성 CFO가 된 Y님이 있다. 데이콤으로 입사해 최초의 여성 CFO가 되기까지 그는 숱한 고난을 겪었다. 대표적으로 3사가 합병했던 것이다. 한번은 그분에게 어떻게 해서 이렇게 오랫동안 한 회사에서 열심히 일할 수 있었는지 여쭤봤던 적이 있다. 그분이 했던 이야기 중 기억이 남는 말이 "끝까지, 어떤 상황에서도 디테일을 놓치지 않았다"라는 것이다. 업무에서 거시적인 계획에만 집중하는 사람들이 있다. 하지만 디테일이 떨어지면 모든 것은 모래성과 같다. 디테일을 놓치지 않아야 모래성은 무너지지 않는다. 예민한 사람만이 가질 수 있고, 예민한 사람만이 보여줄 수 있는 능력이다.

이는 사석에서도 적용된다. 내가 했던 이야기, 혹은 다른 사람이 좋아하는 음식, 이런 것들을 소소하게 기억해 두었다가 나중에 그 사람과 함께할 일이 생길 때 발휘하면서 상대방을 배려할 수 있다.

CJ의 동료 중 한 명이 "일레인 님은 더듬이가 있어"라고 말한 적이 있다. 더듬이가 있는 곤충은 환경의 변화를 남보다 빨리 인지할 수 있다. 나는 다른 사람의 취향이나 성향을 예민하게 파악해서 변화와 속뜻을 쉽게 이해한다. 이성적으로 접근하면, 그 사람의 변화가 갑작스럽게 느껴질 수도 있지만, 작은 변화를 미리 인지하면 그 사람의 갑작스러운 변화도 미리 예측할 수 있다. 그 사소한 변화를 미리 인지하는 것이 예민함의 경쟁력이다. 이런 변화를 미리 인지하다 보면, 어떠한 사람의 행동이 갑작스럽지 않고 "아, 그럴 수도 있지"로 서서히 다가온다.

《예민한 게 아니라 섬세한 겁니다》에 따르면 타고난 예민함이 있는 사람들은 무엇이 필요한지 무의식적으로, 그것도 성공률이 높게 알아챌 수 있다고 한다. 공감을 잘하는 사람들을 보면 "아, 그럴 것 같았어"라고 손쉽게 그 사람의 입장을 이해하고 대입한다.

글로벌시장은 예민해야 성공할 수 있다.

많은 스타트업이 한국 시장만을 타깃으로 하는데, 나는 늘 글로벌시장을 적극적으로 검토하라고 제안한다. 이제는 기술의 발전으로 시간과 공간의 제약이 사라지고 다양성이 확대되면서 작은 가치도 눈여겨볼 줄 알아야 하기 때문이다.

미국의 콧대 높은 뷰티 공룡 에스티 로더가 M&A한 최초의 아시안 뷰티 브랜드는 닥터자르트다. 에스티 로더는 2조 원 가치의 닥터자르트를 인수했다. 2019년 여름, 뉴욕 맨해튼 사무실에서 닥터자르트의 창업자 이진욱 님을 처음 만났다. 닥터자르트가 미국에 인수된 이유는 이진욱 님의 성향이 영향을 미쳤다고 생각한다. 그는 '고객 니즈'에 굉장히 예민한 사람이다. 이진욱 님이 고객 니즈를 파악하는 수준을 이해하려면 닥터자르트의 시작을 알아야 한다.

2004년 우연히 피부과에 방문한 이진욱 님은 수십 명의 한국 여자들이 피부과 치료를 위해 시간과 돈을 쓰는 것을 목격했다. 한국 여자들의 '좋은 피부'에 대한 열망을 체감한 순간이었다. 그 시절 한국은 더마 뷰티 브랜드 춘추전국시대였다. 차앤박, 고운세상 등에서 뷰티 브랜드가 론칭됐다. '좋은 피부'는 피부과를 모티브로 한 브랜드들의 핵심이었다. 이들은 스킨케어 제품에 집중했다. 미백, 주름, 트러블 등에 강한 특정 성분을 에센스나 크림 제품에 접목시켰다. 하지만 닥터자르트는 스킨케어가 아닌 메이크업 제품으로 시장에 파란을 일으켰다.

이진욱 님은 여성들이 정말 원하는 것은 '좋은 피부를 위한 치료'가 아닌 '좋아 보이는 피부'라는 것을 발견한 것이다. 여드름 치료를 받던 트러블성 피부의 사람들도 피부과를 떠나기 전에 울긋불긋함을 지울 수 있는 비비크림을 바르는 것에서 착안했다.

용기에서도 디테일을 놓치지 않았다. 닥터자르트는 자본금 5천만 원으로 시작한 회사라, 화장품 용기는 시중의 목업용기를 그대로 활용했다. 하지만 용기의 형태를 선정하는 회의에서, 그는 소재에 대한 디테일을 놓치지 않았다. 보통 크림은 플라스틱 용기에 담는데, 그는 치약처럼 짜서 쓰는 알루미늄 튜브에 얼굴용 크림을 담았다. 알루미늄 튜브를 끝까지 짤 수 있는 스퀴저까지 부속품으로 주는 디테일도 잊지 않았다. 수년 뒤, 스퀴저를 단종했더니 많은 고객이 재출시해 달라고 요청했다. 화장품을 십수 년 만들었던 우리도 생각하지 못했던 부분을 이진욱 님은 예민하게 포착했고 그런 디테일이 새로움을 원하던 고객의 니즈와 맞아떨어졌다.

예민함은 고유성을 가진다

인간은 이성적 능력만 따졌을 때는 AI를 따라갈 수 없다. AI는 기존 데이터를 기반으로 가장 효과적이며 효율적인 방법을 제시한다. 기존 데이터를 기반으로 의사 결정을 하기 때문에 AI는 논리적일 수밖에 없다.

그래서 AI시대에는 감성 능력이 점점 더 강조된다. 이진욱 님과 유사한 특성을 가진 사람은 닥터자르트의 초기부터 디자인과 마케팅을 총괄한 이귀정 님이다. 이귀정 님은 이진욱 님과 같이 건축을 전공했다. 건축학도의 면모는 닥터자르트의 광고에서 나타난다. 이귀정 님은 이전의 화장품 광고가 예쁜 외모의 모델만을 기용하는 것에 의문을 던졌다. 그는 "미인의 기준은 세상이 정하는 것인데, 미의 정의를 하나로만 가져가는 것이 너무 이전의 생각"이라며, 통상적인 미의 개념과는 다른 모델을 처음으로 기용했다. 그들은 주근깨가 있었고, 홑겹의 눈을 가졌으며, 얼굴의 대칭이 맞지 않았다. 그 결과, 광고는 센세이셔널했고 컬러감은 개성 넘쳤으며 사람들은 신선한 자극에 반응했다. 만약 AI에게 화장품 모델 기용을 맡겼다면 기존의 데이터와 비슷한 미녀를 선택하지 않았을까?

닥터자르트 근무 당시 여드름 피부 전용 화장품 시안을 만들어서 이진욱 님과 이귀정 님께 제시했다. 이니스프리를 벤치마킹한 시안이었는데, 순한 성분이 피부 자극을 최소화한다는 콘셉트로 접근했다. 이귀정 님은 이러한 접근 방식을 단칼에 잘랐다.

"이건 닥터자르트스럽지 않아!"

당시에는 그 표현이 어떤 의미인지 이해하지 못했다. 하지만 닥터자르트라는 브랜드를 1년 이상 운영하고 나서야 그 뜻을 어렴풋이 알게 됐다.

우리는 요즘 '○○스럽다'라는 표현을 많이 쓴다. '애플스럽다'라는 표현은 정확하게 정의 내리기 어려워도 직관적으로 의미를 알 수 있다. 이런 표현을 머리가 아닌 '느낌'으로 이해하는 것이 감성이다. 마케팅에서 이런 감성을 쌓기 위한 시간과 비용이 훨씬 더 길고 크다고 이야기하는 이유는 그런 감성이 고유성을 가지기 때문이다. 고유성을 가지는 '느낌'은 모방하기 불가능하다.

감성적 통찰력을
기르는 방법

우리는 감정적이라는 표현과 감성적이란 표현을 자주 혼동한다. 닥터자르트 창업자 이진욱 님을 만나기 전만 해도 나도 감성적으로 일하는 것을 일부러 피했다. 하지만 감성은 '나만의 고유한 기준'이다. 감성만으로 모든 일을 해결할 수는 없지만, 나의 감성을 충족시킨다면 훨씬 더 즐겁게 일할 수 있다.

- **시각** 미술관, 공원, 바다 등
- **후각** 향수, 꽃 등

- **미각** 맛집, 카페, 디저트 등
- **촉각** 도예, 요리 등
- **청각** 뮤지컬, 콘서트, 새로운 언어 등

오감을 자극해야 감성을 기를 수 있다. 모든 오감을 자극하는 것이 하나 있는데 그것은 '공간'이다. 나는 지금까지 한국과 미국을 포함해 20군데가 넘는 곳에서 살았는데, 이런 다양한 공간 경험이 나에게 감성을 선물했다. 그래서 우리는 새로운 공간을 접하려는 시도가 필요하다.

나만의 피난처를 발견하라

내 오감이 스트레스에서 벗어날 수 있는 피난처Safe Haven를 발견하라. 이런 안전한 공간에서는 나의 감성이 최대한 발휘될 수 있다. 내가 안전하고, 내가 보호받을 수 있는 공간이 있어야 창의력이 더 넓어지고 적극적으로 발현된다.

나의 경우, 집 앞 카페가 이런 공간이다. 공간은 일단 내 취향에 맞아야 한다. 높은 층고에 햇살이 많이 들어오는 곳. 부가적인 요소도 만족스럽다. 사장님은 조용하며 커피는 적당히 뜨겁고 맛있고, 특히 외부인이 많이 드나들지 않는 곳이다. 이

곳에서 나는 자유롭게 아이패드를 사용하며 다이어리 아카이빙도 하고 삶에 대해 아이데이션Ideation과 브레인스토밍을 한다. 이런 공간에서는 나의 오감이 계속 발달할 수 있다.

한 번도 가본 적이 없는 공간을 주기적으로 만나라

서울의 서울로7017은 뉴욕의 하이랜드파크를 벤치마킹해서 만들어졌다. 서울로7017은 근무지와 5분 거리라 자주 찾는 공간이다. 이곳은 서울역에서 시작해 복잡한 도심을 내려다보며 걸을 수 있는 산책길이고 뉴욕의 하이랜드파크는 맨해튼 가운데를 걸으며 독특한 건물과 뉴욕을 경험할 수 있는 공간이다. 이 공간들이 매력적인 이유는 도시 한복판에 공원을 만들었다는 점과 발밑에서 차가 지나가는 색다른 풍경을 경험할 수 있는 환경이기 때문이다. 나는 이제껏 '차는 조심해야 해'라는 생각에 사로잡혀 차가 달리는 모습을 아무 경계 없이 본 적이 별로 없었다. 하지만 뉴욕 하이랜드파크와 서울로7017에서 차가 달리는 모습을 아무 경계 없이 보았다. 그 순간 차가 경주마 같다고 느꼈다. 그리고 그 모습이 경주마처럼 달리는 나의 한 부분과도 닮아 있다고 느끼기도 했다.

자연은 언제나 큰 영감을 준다

사람의 손길이 닿지 않은 공간을 방문하라. 자연이 힐링이라는 말은 많이 들어봤을 것이다. 이런 힐링을 통해, 오감이더욱 감성적으로 발전할 것이다. 또한 자연은 가장 극단적으로 오감을 깨운다. 자연의 색감은 그 어떤 색보다도 찬란하다. 정말 푸른 바다를 본 적이 있는가. 정말 짙은 산록을 본적이 있는가. 그렇다면 그 찬란함이 인간이 만든 그 어떤 색보다도 강렬하다는 것을 알 수 있을 것이다. 오늘 당신에게물어보아라.

- 자연의 냄새를 맡은 적이 있는가?
- 자연의 소리를 들을 적이 있는가?
- 자연을 만진 적이 있는가?

존스홉킨스 재활의학과의 정태환 교수는 항상 자연이 주는 영감을 강조했다. 나는 늘 한국에서 보장된 삶을 살았던그가 연고나 비자도 없는 상태에서 미국에서 의사가 되기로결심했던 과정이 너무나 궁금했다. 결국 존스홉킨스의 교수가 된 그의 삶은 내게 자극이 되기도 했다.

정태환 교수는 힘들 때면 자연에서 힘을 받았다고 말했다. 카톨릭의대를 다니면서 미래를 고민했을 때, 무일푼으로 미국으로 건너갔을 때 모두 자연이 힘이 됐다고 했다. 나 또한 힘들 때면 일부러 자연을 만나려고 했다. 바닷가 산책, 호숫가에서의 독서, 그리고 산기슭에서의 피크닉 등. 이런 시간을 보내면서 자연의 냄새와 소리에 민감해졌고 자연을 더욱 좋아하게 됐다.

지난 5년 동안 크고 작은 굴곡을 거쳤지만 모두 자연에서 힐링을 받았다. 사람에게 받은 상처는 자연이 치료해 주었으며, 앞으로 나갈 수 있는 힘까지 전달해 주었다.

PART 3.

성장과 성공을 잡는
일레인의
커리어 상담소

MOVE
UP

9장

이직과
순환보직

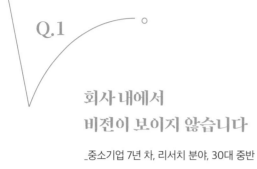

Q.1

회사 내에서
비전이 보이지 않습니다

_중소기업 7년 차, 리서치 분야, 30대 중반

미래가 불안하다는 것은 사실 매우 좋은 일입니다. 아무런 불안이 없어서 미래를 준비하지 않고, 50대, 60대의 은퇴를 맞이한다면 어떨까요? 20대, 30대에 불안함을 느끼고 미래를 차근차근 준비하는 것은 매우 바람직한 일입니다.

요즘 '가짜 배고픔'이라는 단어가 유행입니다. 시간상, 상황상 먹어야 할 것 같은 느낌일 뿐, 진짜 배고픈 것이 아니라 뇌가 나를 속이는 것이 가짜 배고픔입니다. 미래와 비전에 대한 불안도 의미 있는 불안인지, 아니면 걱정하지 않아도 되는 '가짜 불안'인지 살펴볼 필요가 있습니다.

3단계 스텝으로 내 비전을 살펴보고, 지금 회사에서 이룰 수 없는 비전인지를 확인합니다. 회사에서 이룰 수 있는 비전이라면 '가짜 불안'으로 판단하고, 지금의 회사에서 커리어를 잘 쌓으면 됩니다. 반면, 지금의 회사에서 이룰 수 없는 비전이라면 어떻게 하면 이 비전을 이룰 수 있을지 액션 플랜을 짜야 합니다.

Step 1. 비전 그리기

비전은 미래의 당신이 원하는 모습입니다. 이제 '미래의 당신'에게 물어보세요.

"미래의 당신이 원하는 모습은 무엇일까요?"

기한을 대입하면 좀 더 현실감 있는 비전이 그려집니다.

"앞으로 3년 후, 당신이 원하는 요소는 무엇일까요?"

"앞으로 5년 후, 당신이 꿈꾸는 모습은 어떤가요?"

저는 매슬로의 욕구 단계를 기준으로 어떤 욕구를 채우길 원하는지 정리해 보기를 추천합니다. 멘토링을 많이 해보니, 연차가 낮은 직원일수록 상위의 욕구를 더 많이 원하는 현상을 발견했어요. 보통 한국 회사에서는 나이가 적은 직원이 사회적으로 존경을 받는 경우가 드물기 때문에 상대적인 박탈감으로 인해 사회적·존경적 욕구를 원하게 됩니다.

반면, 연차가 높은 직원은 매슬로의 욕구 단계에서 하위에 있는 직업 안정성을 원하는 경우가 많습니다. 회사에서는 이미 연차에 따라 존경과 인정을 받고 있는 상황이 많죠. 이제는 언제 회사를 나가도 이상하지 않은 연차이기 때문에 '안정성'을 원하는 경우가 많습니다.

자아실현의 경우, 연차와 상관없이 자기 성장 욕구가 큰 고성과자 직원들에게서 많이 발견됩니다.

Step 2. 욕구 정리

지금 여러분의 회사가 채워줄 수 있는 직원들의 욕구를 정리해 보세요. 직급별로 어떤 비전을 채워주고 있는지를 따져보면 3년 뒤, 5년 뒤에 어떤 욕구를 회사 내에서 채울 수 있

	지금 회사에서 채워주는 욕구	지금 회사에서 채워주지 못하는 욕구
사원	생리적 욕구	사회적 욕구
대리	자신감 (내 일을 혼자 해결할 수 있는 자신감)	존경의 욕구
과장	리더십 (한 부문을 리딩할 수 있는 초기 리더의 포지션)	학습 욕구 (대리급 때처럼 러닝 커브가 가파르지 않음)
팀장	안정	불안함 (미래에 대한 불확실성을 처음으로 생각함)
임원	존경의 욕구, 사회적 욕구	불안정함 (언제 퇴출될지 모름. 내년에도 직급을 유지할 수 있을지 모르는 허무함)

느지를 알 수 있습니다.

Step 3. 욕구의 교집합 파악하기

여러분의 미래 욕구와 회사 내에서 채울 수 있는 욕구의 교집합이 존재하는지를 살펴봅니다. 만약 교집합이 존재한다면 여러분의 불안은 '가짜 불안'입니다. 하지만 교집합이 존재하지 않는다면, 여러분이 느끼는 불안은 '진짜 불안'이고, 이 진짜 불안을 해소할 수 있는 액션 플랜이 필요합니다.

* 액션 플랜 만들기

이직으로 내 비전(미래 욕구)를 채울 수 있도록 해봅시다. 다음 질문에서 이직 관련 노하우를 알려드릴게요.

Q.2

연봉을 올리기 위해
이직하고 싶어요

_대기업 5년 차, 출판업 분야, 30대 초반

직장인의 평균 이직 횟수는 2.3회입니다. 요즘은 이 숫자가 점차 커지고 있습니다. 이전 경력직 인터뷰에서는 "왜 이직을 희망하는지"가 핵심 질문일 정도로 이직은 평범하지 않았습니다. 하지만 요즘 경력직 인터뷰에서는 이직이 아주 잦지 않은 이상 이직 사유를 물어보지 않습니다. 통상적으로 1년에 한 번씩 여러 번 이직을 했거나, 6개월 이하로 다닌 직장이 있는 경우에만 사유를 물어봅니다.

저 또한 이직을 열 번 이상 경험했습니다. 그리고 이직 오퍼는 20군데 이상 받아본 프로 이직러입니다. 그렇다 보니 이직 관련 멘토링을 자주 요청받고 있습니다. 성공적인 이직을 위해서는 욕구의 우선순위를 파악해야 합니다. 우선 내가 원하고 있지만 지금 회사에서는 주지 못하는 것을 정리합니다. 그리고 지금 회사에서 퇴사했을 때 가장 아쉬운 점을 적어봅니다. 이직했을 때 가장 아쉬운 요소가 될 것입니다. 이제 위에서 적은 요소의 중요도를 동그라미로 표현해 봅니다. 동그라미 크기가 크다면 나에게 중요한 요소입니다. 반면, 동그라미 크기가 작다면 그리 중요하지 않은 요소입니다.

내 우선순위의 상위 요소를 채워줄 수 있는 회사를 선택해야 합니다. 첫 직장과 달리 이직은 내가 지금껏 쌓은 커리어를 가지고 가는 겁니다. 많은 인맥과 경력, 이 모든 것이 나의 무기가 되는 셈이니 더 이상 초보처럼 끌려다니면 안 됩니다. 2020년 사람인 자료에 따르면 이직을 한 후 50%는 실패한다고 합니다. 하지만 충분히 사전 조사를 한다면 이직도 성공할 수 있어요. 어떤 조사가 필요한지 체크해 보세요.

Step 1. 급여 파악하기

기본적으로 급여는 내 우선순위가 아니라 해도 필수적으로 챙겨야 합니다. 다른 모든 욕구가 채워졌어도, 기본적인 보상이 뒷받침되지 않는다면 이직을 후회합니다. 저희 회사에도 아직 오퍼 레터를 받기 전에 이전 회사에 퇴사 의사를 밝힌 직원이 있었어요. 심지어 다니던 회사에서는 이런 상황을 이직할 회사의 인사팀에 알려주죠. 이런 경우 이직할 의사가 100% 있다고 감안해 연봉 등의 조건을 유리하게 협상하기 어렵습니다. 따라서 이직할 회사의 연봉이 확실해지기 전까지는 '퇴사할 때까지 퇴사한 게 아니다'라는 마음가짐으로 임해야 합니다. 저 또한 이직이 확실히 결정되지 않아 거의 퇴사를 마음먹은 회사에서 마음을 다잡고 다닌 적이 있어요. 새로운 계약서에 사인하기 전까지는 절대 지금 회사에 퇴사 의사를 밝히면 안 됩니다.

Step 2. 퇴사율 파악하기

이직하려는 회사의 퇴사율을 꼭 확인해야 합니다. 해당 업계의 평균을 고려했을 때, 너무 과도한 직원 퇴사율은 유의미합니다. 특히 전체 퇴사율은 현저히 낮은데, 최근 1년 동안 급격히 퇴사율이 높아진 경우는 더욱 면밀히 물어봐야 합니다. 왜 그렇게 퇴사율이 높은지를 물어보면 인사담당자는 거짓말을 할 수 없습니다. 어느 정도는 솔직하게 이야기해 줄 겁니다.

Step 3. 데이터 모으기

내가 원하는 요소를 이직할 회사에서 채워줄 수 있는지를 확인하기 위해 '회사의 모든 데이터 모으기'에 착수합니다. 데스크 리서치로도 충분하지만, 저는 이직할 회사의 사람을 어떻게든 꼭 만나보는 것을 추천합니다. 절대 불가능하다면, 퇴사자를 찾는 것도 방법입니다. 링크드인이나 페이스북을 통해서 열심히 문을 두드리면 만날 수 있습니다. 인사 담당자는 공적인 얘기만 해줄 수 있으므로, 지인의 지인을 통해서라도 회사의 상황을 파악하기 위해 노력해야 합니다.

10년째 한 회사에 다니고 있어요. 저는 도태되는 걸까요?

_중견기업 10년 차, 마케팅 기획 분야, 30대 중반

오랜 시간 한 회사에 다니는 것보다 더 중요한 것은 내 일의 영역이 점차 커지고 있는지를 보는 것입니다. 성장 수준을 알려면 업무의 확장을 수평적 기준과 수직적 기준으로 살펴봐야 합니다. 지금 나의 연차에 맞춰 업무가 수평적으로 확장됐는지, 아니면 수직적으로 확장됐는지를 표기해 보세요.

연차가 낮을수록 수평적 업무 확장이 중요합니다. 이른 나이에 많은 경험을 할수록 내가 좋아하는 일이나 내가 앞으로 하고 싶은 일을 선택할 수 있는 선택지가 많아지기 때문입니다. 반면 연차가 높아질수록 수직적 업무 확장이 중요합니

다. 연차가 높지만 수평적으로만 업무가 확장된다면 연차가 높은 사람으로서 경쟁력이 떨어집니다. 지금 들어오는 신입 사원과는 다른 의사 결정권을 가질 수 있어야 경쟁력을 갖출 수 있습니다.

Step 1. 수평적 업무 확인

수평적으로 업무가 확장되고 있는지를 살펴봅니다. 같은 회사에서 10년을 근무하더라도 어떤 사람은 수평적인 업무가 확장돼 이직과 비슷한 업무 성장 효과를 볼 수 있습니다. 같은 회사에서 10년을 근무한 직원 A와 B의 경우를 살펴보겠습니다. 직원 A와 B 중 누가 더 수평적인 업무의 확장을 경험하고 있을까요?

- **직원 A** 인사팀 2년 + 마케팅팀 3년 + 영업팀 1년 + 전략팀 1년 + 신상품 기획팀 2년
- **직원 B** 인사팀 5년 + 총무팀 5년

같은 회사라는 단서만으로 보면 직원 A가 업무적 확장을 하고 있습니다. 다만, 당신의 케이스가 직원 B와 같이 업무적으로 확장하지 못하는 상황이라면 업무의 범위가 한정되고

있을 확률이 높겠습니다.

Step 2. 수직적 업무 확인

하지만 아직 판단은 이릅니다. 당신의 업무가 수직적으로 확장하고 있는지 또한 살펴봐야 합니다. 업무의 수직적 확장은 책임과 권한의 범위가 커지고 있는 것을 의미합니다. 이는 리더십, 의사 결정권 등이 포함됩니다. 인사팀에서 5년, 총무팀에서 5년 근무한 직원 B을 다시 살펴보겠습니다.

직원 B

- **인사팀 5년** 사원에서 대리, 과장으로 빠른 승진. 인사 부문 내 핵심 인재로 발탁돼 1년 동안 타 회사의 인사 시스템 벤치마킹팀으로 활동
- **총무팀 5년** 팀장으로 승진, 2년 후 MOU 체결권 및 외주사 비딩 결정권 가짐. 제량 권한 금액 1억으로 상승.

직원 B는 수평적 업무는 한정적이었지만, 수직적 업무는 크게 확장했다고 볼 수 있습니다. 그래서 지금 당신의 업무가 수직적으로 확장되고 있는지를 살펴보아야 내가 도태하거나 성장하고 있는지 여부를 결정할 수 있습니다. 스스로

질문하길 추천합니다.

- 이전보다 더 많은 의사 결정을 하고 있는가?
- 좀 더 중요한 의사 결정 회의에 포함되는가?
- 주도권이 더 커졌는가?(예산, 고용 등)
- 발의권이 더 커졌는가?(회사 내 주요한 C-level 미팅 시 신규 프로젝트 제안 등)

Step 3. 사내외 네트워크 확인

마지막으로, 사내외 네트워크가 계속 확장하고 있는지를 살펴봐야 합니다. 내 네트워크 확장이 내 시야의 확장입니다. 내가 일하고 있는 사람들이 계속 동일하다면 회사 내적으로 외적으로 볼 수 있는 시야가 계속 좁아질 것입니다. 그래서 10년 전 나의 이너 서클Inner Circle과 지금 나의 이너 서클을 그려보기를 추천합니다.

이너 서클은 내가 다른 사람과 보내는 시간 중 적어도 10%를 차지하는 사람들을 말합니다. 예를 들어, 하루 일과 시간 8시간 중 50%를 다른 사람과의 미팅이나 다른 사람과의 대화로 채운다면(업무 외적인 대화도 포함) 그중 10%는 다음과 같이 계산할 수 있습니다.

하루 업무 시간 8시간 중 50% ➡ 하루 4시간×5일 ➡ 일주일에 20시간 ➡ 이 중 나와 10% 이상씩 교류하는 사람들이므로 나와 일주일에 2시간 이상 교류하는 사람들

제 경우 일주일에 2시간 이상 교류하는 사람들은 직속 상사, 그리고 점심 버디인 TF의 사람들이 있습니다.

이너 서클이 중요한 이유는 내가 어울리는 사람들의 역량과 회사 내에서의 위치가 결국 나의 역량과 회사 내에서의 위치와 직결하기 때문입니다. 그래서 나를 둘러싼 이너 서클의 폭과 사이즈가 계속 커진다면(수평적), 그리고 그 사람들 자체도 회사에서 맡고 있는 직책이 높아진다면(수직적), 당신은 절대 도태하고 있지 않습니다. 오히려 10년 이상 회사를 다녔다는 점이 강점으로 작용해 성장하고 있는 것으로 보입니다.

* 5년 차 이상 직원을 위한 조언

너무 슬픈 사실이지만, 이제는 직시해야 하는 사실이 하나 있습니다. 더 이상 회사 안에서 나에게 동기와 영감을 줄 수 있는 일이 적다는 것입니다. 극단적이지만 학교 선생님을 예로 들어보겠습니다. 저의 지인은 지금 중학교 선생님 10년

차입니다. 그가 되돌아보는 10년 동안의 여정은 이렇습니다.

- **1년 차** 어리바리. 아이들에 치이는 것보다 행정 업무에 치이는 것이 훨씬 더 많음. 도대체 왜 이리 공통업무가 많은지. 학교 내의 모든 취합 업무는 다 내 몫인가 보다.

- **2~3년 차** 조금은 알 것도 같은. 행정 업무의 속도가 빨라지는 시기. 다만 아직도 취합과 방과 후 학습 같은 세세한 조율은 다 나의 몫.

- **4~5년 차** 이제 더 이상 막내도 아니어서, 취합은 할 필요도 없어짐. 이제부터는 본업인 '학생을 가르치는 일'에 집중할 수 있음. 학생들을 가르치는 일, 그리고 그들을 멘토링하는 일이 이렇게나 어려웠다니.

- **6~7년 차** 점차 학생들을 다루는(?) 노하우가 생김, 감정과 이성을 분리하고 너무 학교에 매달리는 생활을 접음. 첫 아이 출산, 육아휴직은 2년 쓸 예정.

- **8~9년 차** 육아휴직.

- **10년 차** 일과 삶을 병행하는 것이 어렵지 일 자체는 편안하고 이제는 학교가 적성이라는 생각을 드디어 하게 됨.

이렇게 초보 선생님에서 베테랑 선생님이 되기까지 여정을 살펴보면 5년 차가 지나면 외부 성장 요인이 줄어드는 것을 볼 수 있습니다. 일에서의 숙련도가 높아질수록 선배나 상사로부터 배울 수 있는 부분이 적어집니다.

이때부터 우리가 흔히 말하는 '매너리즘'이 시작됩니다. 이런 매너리즘을 회사 내에서 해결하는 것은 어려울 수 있습니다. 매너리즘은 회사 내가 아니라 회사 밖에서 해결하세요. 저는 이 정도 연차쯤에 외부 사람들과 소통을 넓혔고 인적 네트워크를 점점 더 확장했습니다. 지인을 통한 미팅도 좋고 돈을 지불하고 나가는 모임도 좋습니다. 지금부터는 회사 내에서의 성장보다는 숙련도에 집중하고 회사 외부의 네트워크에 집중하세요.

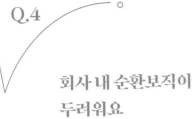

회사 내 순환보직이
두려워요

_대기업 8년 차, 금융업 투자 분야, 30대 후반

순환보직이 두렵지만, 만약 그것이 회사의 정책이라면 피할 수 없습니다. 피하지 못할 상황이라면 즐길 수 있는 상황, 혹은 최대한 버틸 수 있는 상황으로 만들어야 합니다.

금융권에 다니는 제 지인의 경우 2~5년에 한 번씩 순환보직을 제안받는데 순환보직이 싫다고 좋아하는 금융업을 그만둘 수는 없었습니다. 그러니 순환보직이 나의 업무에 어떤 변화를 주는지를 정리하고 왜 순환보직이 두려운지 그 이유를 살펴봐야 합니다. 나아가 순환보직을 통해 확장할 수 있는 업무의 기회를 포착해야 합니다.

Step 1. 앞으로의 일 예상하기

순환보직을 경험해 봤다면 가장 어려웠던 부분과 나름 쉬웠던 부분을 적어봅니다. 한 번도 순환보직을 경험하지 않았다면 가장 어려울 것 같은 부분과 쉬울 것 같은 일의 예상을 적어봅니다. 순환보직 시 생길 수 있는 가장 나쁜 일Worst possible idea까지 포함해 나의 모든 예상치를 적어봅니다.

- 업무 부적응
- 팀 부적응
- 그 팀에서 왕따를 당하는 일

Step 2. 가짜 두려움 파악하기

가짜 두려움을 파헤쳐야 합니다. 리스트에서 각 항목별로 실제로 벌어질 확률을 적어봅니다. 확률은 1%에서 99%까지 적습니다. 그 어떤 일도 꼭 벌어지거나 벌어지지 않는다고 확신할 수 없기 때문입니다.

Step 3. 대처 방안 예상하기

이제 50% 미만의 확률과 50% 이상의 확률을 나눠봅니다. 리스트상 50% 미만의 두려움이 가득하다면 나는 이제껏 가짜 두려움에 시달렸던 것입니다. 그리고 벌어질 수 있다고 생각하는 50%의 두려운 일이 생겼을 때 대처 가능한지를 적어봅니다.

- 50% 미만: 가짜 두려움
- 50% 이상: 현실 가능한 두려움

      대처 방안 1 : 수습할 수 있는가? 수습을 위해 써야 하는 시간과 비용은? 자원을 쓸 수 있는 여력이 있는가?

      대처 방안 2 : 내가 수습할 수 없다면 도움을 구할 수 있는가? 주변 사람이나 전문가의 도움으로 해결할 수 있는가? 이런 도움을 얻기 위해 써야 하는 시간과 비용은? 자원을 쓸 수 있는 여력이 있는가?

순환보직뿐만 아니라 세상의 많은 두려움과 불안은 가짜 불안과 가짜 두려움입니다. 내가 걱정하는 많은 일이 사실상 일어날 확률이 낮은 경우가 많습니다. 내 가짜 불안이 너무 많다면 불안증에 시달리고 있는 상황입니다. 실제로 일어날 수 있는 걱정이라고 해도 내가 대처 가능한 범위 내의 일인지를 살펴봐야 합니다. 세상에 미리 대비할 수 있는 일이 아주 많지 않지만 대비하면 대처하지 못할 일은 없습니다.

*피할 수 없다면 즐겨라

저는 두 개의 자아를 가지고 있습니다. 수많은 이직을 통해 성립된 자아입니다. 저의 자연적인 자아는 내향형 인간인데, 여러 직장을 다니면서 갖게 된 자아는 외향형 인간입니다. 아직도 남편이 가끔 놀라는 포인트가 아침 출근 전에 본 가족 구성원도 저녁 퇴근 후에 보면 약간은 낯설어한다는 점입니다. 처음에는 의아해하던 가족들도 이제는 너무 오랜 시간 반복되니 그러려니 하고 넘어갑니다.

이런 제가 지금은 수백 명 앞에서의 강의를 일상처럼 소화하고 있습니다. 수업이 일상이 되니 더 이상 이전처럼 떨지 않습니다. 수업 전에 화장실을 수없이 가는 습관도 고쳐서 이제는 좀 더 편안하게 수업에 임할 수 있습니다.

이렇게 멀티 페르소나를 가지게 되면서 ON/OFF가 가능해졌습니다. 첫 순환보직은 얼마나 힘들었나요? 두 번째는 좀 나아지지 않았나요? 앞으로 세 번째, 네 번째는 좀 더 자연스러울 거예요.

순환보직을 하면서 매번 새롭게 시작한다는 마음가짐과 함께 나의 새로운 페르소나를 ON한다고 생각해 보세요. 하나씩 나의 페르소나를 쌓아 올릴수록 어떠한 상황에서도 당황하지 않고 적응할 수 있는 사람이 될 수 있습니다.

제가 속한 회사,
산업이 사양산업이에요

_대기업 7년 차, 요식업 분야, 30대 초반

마이클 샌델의 베스트셀러 《공정하다는 착각》을 보면 중국에서 태어난 아이가 계층 이동을 할 확률이 미국에서 태어난 아이가 아메리칸 드림을 이룰 확률보다 높다고 합니다. 중국이라는 국가가 성장하고 있기 때문에 똑같은 노력을 했을 때 중국 아이가 성공할 확률이 더 높다는 뜻입니다. 중국이라는 성장 시스템이 지렛대 역할을 하는 것이죠.

이렇게 내가 속한 '팀<회사<산업'이 사양산업이라면 아무리 내가 슈퍼스타로 열심히 일해도 조직이 발목을 잡을 확률이 높죠. 물론 그런 사양산업에서도 슈퍼스타로 부상하는

케이스를 보기는 했습니다. 하지만 평균을 훌쩍 뛰어넘는 정도의 노력이 필요한 일이죠. 그래서 내가 속한 팀, 내가 속한 회사, 그리고 내가 속한 산업이 나를 서포트해 줄 수 있는 영역일 때 나의 성장은 유리합니다.

Step 1. 유망 산업 파악하기

이제부터 내가 옮길 만한 유망한 산업을 살펴봅니다. 지금부터는 많은 트렌드 리서치와 많은 사람과의 미팅이 필요합니다.

우선 5년 전의 유망 산업을 살펴볼까요. 그때는 이커머스E-commerce, 그리고 관광산업이 성행이었습니다. 당시 명동에 가면 한국 사람보다 중국 관광객이 더 많았지요. 모든 일에는 흥망성쇠가 있듯 지금은 이커머스의 성장도 가파르지 않고 관광산업도 코로나 이전으로 돌아가려면 아직은 멀었습니다. 그렇다면 앞으로 5년 뒤를 어떻게 예측할 수 있을까요? 수많은 트렌드 캐칭Trend Catching 기법 중에서 제가 가장 선호하는 기법은 다음의 세 가지입니다.

첫째, 사람들은 어디에 돈을 쓰는가? 내 주변을 포함한 한국인 대다수가 어디에 돈을 쓰고 있는가? 많은 돈이 모이는 곳이 유망 산업입니다.

둘째, 사람들은 어디에 시간을 쓰는가? 모든 사람의 시간은 정확히 24시간입니다. 수면 시간을 빼면 16시간 정도가 남지요. 한국인은 16시간을 어디에 쓸까요? 예전에는 8시간에서 10시간씩 근무했지만 이제는 다른 곳에 시간을 배분해 쓰는 사람들이 늘고 있습니다. 바로 N잡러, 긱노동 등입니다.

셋째, 사람들은 어느 공간으로 가는가? 사람들이 모이는 공간을 파악해야 합니다. 한국 내 특정 지역일 수도 있고 특정 장소일 수도 있습니다. 이런 공간에 가는 것만으로도 사람들의 관심사가 무엇인지 알 수 있고, 그런 관심사를 기반으로 5년 뒤를 예측할 수 있는 힘이 생깁니다.

역설적이게도, 이런 트렌드는 주변에 도사리고 있지만 열심히 찾는 사람에게만 보입니다. 열심히 고민하고 찾아보고, 직접 경험한 것이, 나를 트렌드 캐처Trend Catcher에서 트렌드 캐스터Trend Caster(날씨처럼 트렌드를 예측할 수 있는 이들이라는 뜻으로 만든 단어)로 만들어줄 것입니다.

Step 2. 필요한 역량 파악하기

앞으로 5년 후 유망 산업이 필요로 하는 역량을 정리해 봅니다. 많은 사람이 역량을 업무로 착각하는데, 역량은 'Skill Set'입니다. 역량이 모여서 업무를 가능하게 합니다.

역량 = Skill Set

- 분석 역량
- 기획 역량
- 협업 역량
- 분쟁 조정 역량
- 핵심 파악 역량
- 우선순위 파악 역량
- 창의적 역량
- 데이터 분석 역량

역량이 모여서 가능한 것 ➡ 업무

- 데이터 분석 역량과 핵심 파악 역량 ➡ 트렌드 조사 업무
- 협업 역량과 핵심 파악 역량 ➡ 신규 브랜드 착수 업무
- 협업 역량과 분쟁 조정 역량 ➡ 팀 간의 분쟁 조정 업무
- 분석 역량과 핵심 파악 역량 ➡ 보고서 작성 업무

한 산업의 필수 업무를 분석하면 해당 산업에서 필요로 하는 역량을 알 수 있습니다. 요즘 회사 내 다양한 ICT플랫폼 벤처 사업을 멘토링하는데 벤처 사업을 하는 팀원들이 필요로 하는 역량을 이해하기 위해서는 벤처 사업가가 수행하는 업

무를 이해해야 합니다.

벤처 사업가가 수행해야 하는 업무는 ①마켓(시장)을 이해하고 ②고객의 니즈를 파악해 ③신상품, 브랜드, 서비스를 기획한 뒤 ④마케팅을 통해 고객에게 알리고 ⑤고객 피드백을 기반으로 이를 발전시켜야 합니다. 이를 업무와 역량으로 환산하면 다음과 같습니다.

① 트렌드 조사 업무 ➡ 분석, 핵심 파악 역량

② 고객 조사 업무 ➡ 분석, 핵심 파악 역량

③ 기획 업무 ➡ 분석, 우선순위 역량

④ 마케팅 업무 ➡ 창의적 역량

⑤ 기획 업무 ➡ 데이터 분석 역량

Step 3. 역량의 교집합 파악하기

내가 가진 나의 역량과 유망 산업에서 필요로 하는 역량의 교집합이 이직 시에 호환 가능한 역량입니다. 여기서 교집합이 많으면 많을수록 그 산업으로의 이직이 수월해질 것입니다.

기존에 저는 신제품 기획 업무를 중심으로 일했는데 이때 가장 핵심이 됐던 요소는 시장 이해 업무였습니다. 아모레퍼시픽과 LG생활건강, 그리고 CJ에서 보낸 15년의 8할 동안 시장 분석을 했다고 할 만큼 시장에 집중하는 시간을 보냈습니다. 이후 산업 간 이직을 고민하면서 "나는 시장 분석 전문가인데, 이런 역량은 호환 가능한가?"라는 고민을 했고, 시장 분석을 하기 위해서 필요한 역량을 정리했습니다.

그 결과 분석과 핵심 파악에 역량이 많이 쌓여 있음을 파악하고 이를 필요로 하는 산업군을 리스트업했습니다. 시장을 비교분석해 의사 결정하는 산업은 무엇이 있을까? 그때 많은 곳과 인터뷰를 했는데 대부분 시장 데이터 기반 의사 결정을 하는 곳들, 즉 투자업이었습니다. 많은 금융권 신제품 기획팀과 신규 사업 엑셀러레이팅 업체와 인터뷰한 결과, 외국계 회사로 이직했습니다. 이직을 할 수 있었던 이유는 업무 중심의 파악이 아닌 한 산업군에서 필요한 역량에 대한 이해와 내가 가지고 있는 역량의 교집합을 찾았기 때문입니다.

Tip 이직을 위해 매년 실행할 것!

Step 1. 이력서 업데이트

매년 나의 이력서를 업데이트하세요. 그것만으로도 내가 하고 있는 업무의 시장 가치를 냉정하게 살펴볼 수 있습니다.

Step 2. 미래의 이력서 만들기

저도 과장급 이상이 되면서 나의 '미래 이력서'를 정기적으로 업데이트했습니다. 앞으로 3년 뒤에는 어떤 이력서를 가지게 될까요? 이것이 내가 원하는 모습의 청사진입니다. 가끔 구글이나 사내에서 내가 원하는 보직을 얻은 사람의 이력서를 접할 수 있는 기회가 옵니다. 그때마다 그들의 이력서를 파일링해 어떻게 하면 이런 이력서를 가질 수 있는지 정리해 봅니다.

Step 3. 실제로 지원해 보기

지원 의사가 없더라도 1년에 한두 군데 회사에 지원해 보는 것을 추천합니다. 인터뷰 과정에서 내가 부족한 부분을 파악할 수 있습니다. 회사 내에서는 이런 기회가 흔치 않습니다. 이런 기회를 하나씩 쌓아가다 보면, 인터뷰 스킬도 늘지만 내가 부족한 부분을 보완할 수 있습니다.

10장

일의 가치와
의미

Q.1

제가 하는 일이
백 오피스 같아요

_대기업 5년차, 마케팅 분야, 20대 후반

먼저 백 오피스Back Office와 프론트 오피스Front Office를 살펴보겠습니다. 대체로 백 오피스는 직접 거래를 하거나 계약을 하지는 않고 그 과정을 도와주고 지원해 주는 업무를 말하며 프론트 오피스는 원래 호텔에서 가장 먼저 손님을 만나는 공간을 뜻했으나 지금은 회사의 핵심 업무를 말합니다. 미들 오피스Middle Office도 있는데, 기업의 위험을 관리하고 법적인 부분을 관리하는 업무를 말합니다. 얼핏 들었을 때는 프론트 오피스야말로 가장 중요한 일 같지요. 자신이 하는 일이 백 오피스라면 어떤 변화를 원하는지, 어떻게 변화할 수 있는지에 대한 액션 플랜을 짜는 것이 중요합니다.

Step 1. 내 부서 파악하기

당신의 부서는 회사의 비용을 쓰는 부서입니까? 회사가 어려워졌을 때 외주로 돌릴 수 있는 부서입니까?

- **백 오피스** 회사의 비용을 쓰는 부서Cost Center, 회사에서 외주로 돌릴 수 있는 부서(ex. 인사, 재무, 마케팅, 디자인 등)
- **프론트 오피스** 매출과 직접적으로 연결되는 부서 또는 회사의 매출을 일으키는 부서Profit Center, 회사에서 아무리 급한 상황이라도 외주로 돌릴 수 없는 부서(ex. 영업, 기술)

요즘 이 기준에 부합하지 않는 부서가 하나 있는데, 이는 CEO 오피스입니다. 카카오톡 CEO의 영어 이름을 딴 '브라이언 오피스'와 같이 회사의 전략 방향을 설정하는 부서는 회사의 비용을 쓰는 부서이자 프론트 오피스 성향을 띄고 있습니다. 회사가 아무리 어려워도 절대 외주로 돌릴 수 없는 부서이기 때문입니다.

아무리 조직이 수평적으로 변했다 해도 회사 내에서 부서 안의 수직적 위치는 존재합니다. 회사에 직접적인 이익을 가져다주는 조직이 가장 유리합니다. 그래서 프론트 오피스의 사람들이 더 승진을 하고, 더 많은 보직을 가지게 됩니다.

Step 2. 내 경쟁력 파악하기

우리 부서가 백 오피스라면 어떻게 해야 할까요? 지금의 백 오피스에서 프론트 오피스 혹은 전략 오피스(CEO 오피스)로 이동할 수 있는 계획을 짜야 합니다. 분명히 프론트 오피스에서도 티오가 날 것이고(그 어느 팀 구성도 영원하지 않기 때문에), 경력직이나 사내 채용으로 티오를 채워 넣어야 하는 시점이 올 것입니다. 그 시점을 준비하는 것입니다.

내가 가진 경쟁력

- 회사 내부의 시스템을 잘 알고 있음.
- 회사 내부의 네트워크를 가지고 있음.

이제 더 보강해야 하는 경쟁력을 알아내야 합니다. 이동하려는 프론트 오피스팀의 지인을 찾습니다. 소문을 내지 않을 선에서(비공식적이면 좋습니다) 그 팀에서 하는 업무에 대해서 파악하고 내가 가지고 있는 역량 중 호환 가능한 역량을 찾아야 합니다. 혹시라도 호환이 가능한 업무가 없다면 별도의 사내외 교육을 통해서라도 역량을 확보해야 합니다. 회사 밖에서 별도의 경력직 직원 채용을 고려할 때 회사 내에서 나만이 가진 경쟁력을 확보해야 합니다.

Step 3. 핵심 인물 찾기

공식적인 사내 공모가 아니라면 사내 이동의 핵심은 나의 이동을 도와줄 수 있는 열쇠를 쥔 인물을 찾는 일입니다. 과연 누구일까요?

- **인사팀** 배정을 담당
- **이동하려는 프론트 오피스 리더** 인사권이 있는 팀장 이상의 직급

이제부터 공식적인 사내 구직 활동을 시작해야 합니다. 티오가 날 때 이동할 수 있게끔 열쇠를 쥔 인물에게 지속적으로 커뮤니케이션하는 것이 중요합니다. 사내 이동이 잦은 연말과 연초에, 혹은 퇴사자가 나오는 시점에 집중해서 사내 구직 활동을 해야 합니다.

의사 결정 회의에는 포함되지 않아요, 승진하면 나아지겠죠?

_스타트업 5년 차, 인사 분야, 30대 후반

슬프게도 승진한다고 세상의 모든 고민이 해결되는 것이 아닌 것처럼 승진 이후에도 중요한 의사 결정 회의에 못 들어가는 경우도 있습니다. 승진이 회사의 모든 어려움에서 벗어나는 골든 티켓Golden Ticket이라고 착각하면 안 됩니다. 회사에 팀장이 한 명 있습니다. 그는 지금 12년째 팀장인데 매사에 이렇게 말합니다.

"내가 사업부장도 아닌데, 굳이 여기까지 이야기할 필요가 없죠."

이렇게 자진해서 본인의 영역을 축소하고 직급에 맞춰서

일을 하는 것은 이전 세대가 말하는 '나대지 않는 것'일 수는 있지만 지금의 회사는 '나대는 사람'을 환영합니다. '나댄다'는 것이 무엇일까요? 내 일이 아님에도 불구하고 주체적으로 도전하는 자세, 즉 기업가 정신을 가진 마인드로 볼 수 있습니다. 특히 의사 결정 회의를 들어가는 것은 업무를 수직적으로 넓히는 아주 좋은 방법이니 도전해 보세요.

Step 1. 회의의 주관 형태 파악하기

회의의 주관 형태를 파악합니다. 그리고 중심 인물을 확인하는 것이 중요합니다. 초대로만 참여하는 회의라면 주최 측에서 회의 참여자 리스트를 만들 것이고 별도의 초대 없이 발표자와 의사 결정권자로 구성된 회의라면 발제문을 작성하는 발제 측이 중심 인물일 가능성이 큽니다. 이러한 중심 인물을 확인해 내가 참석할 수 있는지를 물어봅니다. 미팅의 중심 인물은 미팅 관련 의사 결정권을 가지고 있지 않더라도 미팅에 참석자 혹은 참관자로 와도 되는지를 조언해 줄 수 있습니다. 처음에는 참관자로 뒷줄에 앉더라도 미팅 참석부터 차근차근 시작하는 것이 중요합니다.

미팅 참석을 막고 있는 것은 주관 측이나 발제 측이 아닌 나 자신일 확률이 높습니다. 지금부터는 액션보다는 생각의 전환이 필요한 최악의 시나리오 Worst Case Scenario 작업입니다.

"내가 초대받지 않은 미팅에 들어가면 생길 수 있는 나쁜 시나리오는 무엇일까?" 최대한 많은, 그리고 다양한 시각에서의 최악의 시나리오를 적어보길 추천합니다.

최악의 시나리오

- 미팅에서 쫓겨난다.
- 다음 미팅에 초대받지 못한다.
- 회사 내에서 이상한 사람으로 소문난다.

저 또한 이 질문에 대답하기 위해 최악의 상황을 생각해보았고 초대받지 않은 미팅에도 들어가봤습니다. 이 작업을 위해 초대받지 않은 LG유플러스 대표이사 주관 미팅에 들어갔어요. 제가 예상했던 나쁜 상황이 일어났을까요? 아닙니다. 제가 예상한 그 어떤 나쁜 상황도 일어나지 않았습니다.

실제로 벌어진 일

- 미팅에서 쫓겨나지 않았고
- 다음 미팅에는 원래 초대받지 않을 예정이므로
- 회사 내에서 이상한 사람으로 소문나지 않았습니다. 알고 보니, 사람들은 나에게 그리 큰 관심이 없습니다.

오히려 도움이 되는 내용을 많이 습득했고 팔로우 업Follow Up 미팅에 초대를 받았습니다. 결과적으로 두 번의 회의에 들어갈 수 있었습니다.

Step 3. 회의의 목적 파악하기

회의는 크게 세 가지로 나눌 수 있습니다. 회의의 종류에 따라 중요도가 나뉩니다. 그렇기에 회의에 참여하는 횟수보다 중요한 회의에 포함되는 것이 중요합니다.

· **통보성 회의**　일방향으로 정보를 전달하기 위한 목적의 회의. 회의에 들어가지 않더라도 회의록, 회의 참석자를 통해 회의 내용을 파악할 수 있음. 회의의 중요도에서는 큰 비중을 차지하지 않음.

· **의사 결정 회의**　쌍방의 커뮤니케이션을 통한 합의점을 도출

하는 것이 목표인 회의. 정보성을 넘어 한 조직의 의견을 모으는 과정이며 집단지성이 가장 많이 발휘되는 순간이기도 하다. 어떤 결과가 나왔는지도 중요하지만 어떻게 그런 결과가 도출됐는지도 중요한 회의. 회의 현장에 있을 때 가장 잘 이해할 수 있는 회의이므로 참석하면 좋다.

• 네트워킹 회의 목적 없이 네트워킹을 통해 존재하는 회의. 티타임으로도 대체 가능. 상대방에 따라, 중요도가 나뉜다. 앞으로의 업무에 도움이 되는 사람과의 네트워킹 회의라면 중요도가 높다. 대상에 따라 중요도를 판단해 적극적으로 참여해야 한다.

다만 아무도 불러주지 않는 회의에 들어가기 위해서는 약간의 스킬이 필요합니다. 회의 시작 시간에 딱 맞춰서 들어가는 겁니다. 회의 직전이 가장 바쁘고 회의에 집중하고 있기 때문에 참석자를 쫓아낼 겨를이 없습니다. 회의가 시작하고 나서 초대받지도 않은 사람이 늦게 들어가는 것은 서로에게 어색할 수 있으니 미팅이 시작하는 그 찰나에 정확하게 들어가는 스킬만 있다면 오늘 당장 시도해 볼 수 있습니다. 자, 파이팅입니다.

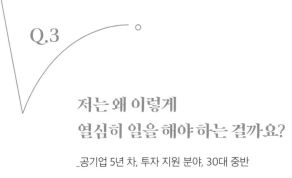

Q.3

저는 왜 이렇게
열심히 일을 해야 하는 걸까요?

_공기업 5년 차, 투자 지원 분야, 30대 중반

나의 존재가치를 회사에서 찾으려고 하면 앞으로도 회사의 상황, 혹은 회사가 나를 대하는 태도에 좌지우지될 것입니다. 내가 왜 일하는지를 근본적으로 이해해야 합니다.

나는 왜 일할까요? 보통 사람들이 일하는 이유는 세 가지입니다. 금전적인 이유, 다른 사람들의 인정, 자아 성장입니다.

금전적인 이유는 다른 대안의 소득이 있건 없건 간에 근로소득의 안정성을 추구하는 경향입니다.

다른 사람들의 인정은 이 이유만으로도 회사를 다니는 이유가 됩니다. 간혹 이러한 인정이 회사 내에서만 존재한다고 생각하는 경향이 있는데, 회사 외부 사람들의 인정도 여기에 해당합니다.

자아 성장은 어제의 나보다 더 나은 내가 되는 것, 이것이 내가 회사를 다니는 이유가 될 수 있습니다.

Step 1. 금전적 이유

대다수의 월급쟁이는 열심히 일하건, 열심히 일하지 않건, 적당히 선을 지킨다면 월급을 받을 수 있습니다. 그러므로 굳이 회사에서 '열심히' 일해야 할 이유가 없습니다. 적당히 '돈을 위해서' 일하면 되기 때문입니다.

Step 2. 다른 사람의 인정

반면 다른 사람의 인정은 상대적입니다. 내가 남들보다 더 잘해야지만 더 많은 인정을 받을 수 있습니다.

그런데 5년 뒤에 우리를 인정했던 사람을 기억이나 할까요? 아주 큰 인정이라면 모르겠지만 많은 사람은 회사에서 스쳐 지나가는 인연일 뿐입니다. 그러니 사람들의 인정 또한 한시적인 것입니다.

Step 3. 자아 성장

아무도 나를 인정해 주지 않아도, 열심히 일해야 하는 이유는 내가 '나를 위해서' 일하기 때문입니다.

오늘, 그리고 내일, 그리고 5년 뒤에도 나와 함께 있을 유일한 사람은 바로 '나'입니다. 내가 나의 노력을 인정해 주고, 나를 사랑해 주고, 나에게 감사해 주는 것, 그것만으로도 우리는 일해야 합니다.

결론적으로, 동료의 인정이 있건 없건, 회사의 상황이 어떻든 간에, 나는 오늘도 열심히 '나를 위해서' 최선을 다해 일해야 합니다.

11장

**인정과
연봉**

Q.1

친구들과 비교하면
연봉이 너무 적어요

_대기업 10년 차, 제조업 분야, 40대 초반

연봉은 성장의 보상이기도 하지만 내가 얼마나 인정받고 있는지를 회사가 보여주는 보상이기도 합니다. 아무리 좋아하는 일을 하더라도 연봉이 너무 적다면 의욕이 떨어지기 마련입니다. 하지만 분야에 따라, 회사의 규모에 따라 연봉의 차이는 있을 수밖에 없습니다. 지금까지 하던 업무와 완전히 다른 분야로 이직할 수는 없고, 나를 뽑아주지 않는 회사에 입사할 수도 없습니다. 내가 가진 풀 안에서 연봉을 높이는 테크닉은 크게 세 가지가 있습니다.

Step 1. 숨겨진 연봉 찾기

회사 내에서 숨겨진 연봉 찾아내는 방법으로 회사 내 전문가 수당 등을 통해 월 10~30만 원 정도의 엑스트라 연봉을 찾는 것이 가능합니다. 저는 사내 강사를 통해서 수당을 받는데, 그 수당이 제 연봉에 큰 영향을 미치지는 않아도 한 달 커피값 정도는 충당해 줍니다. 소소하게나마 숨겨진 연봉을 찾아보세요.

Step 2. 연간 평가 확인하기

연간 평가는 조금 더 많은 연봉 상승을 선물해 줄 수 있습니다. 회사에서의 평가는 절대평가가 아닌 상대평가인 경우가 많습니다. 상대평가에서 어떻게 하면 남보다 좋은 평가를 받을 수 있을까요?

첫째, 남들이 싫어하는 혹은 기피하는 일을 합니다. 회사에는 남들이 싫어하는 일이 있습니다. 이런 일은 대부분 티는 안 나지만 업무량이 많습니다. 이런 일을 내가 먼저 나서서 진행해 보세요. 손을 들고 자진해서 맡아보세요.

저는 LG생활건강에서 일했을 때 남들이 가장 싫어하는 업무를 리스트업해 봤어요. 시기적으로 민감하고, 챙길 일이 많은 순서대로 나열했습니다. 나열하고 보니 누구나 하기 싫은 일이 눈에 보입니다. 그중 하나가 '선물 세트 총괄'이었습니다. 소비재 제조업에서는 추석과 설 시즌에 선물 세트를 기획하는데, 이 업무는 사실상 누군가에게 배정되지 않고 늘 일을 돌리고 돌리다가 그때그때 다른 사람이 배정되죠. 저는 좋은 평가를 받고 싶었습니다. 그래서 손을 들고 "제가 선물 세트 총괄을 진행하겠습니다!"라고 외쳤습니다. 모두가 '궂은일을 굳이 맡겠다고?'라는 눈빛으로 저를 안타깝게 쳐다보았죠. 하지만 그 일로 인해 저는 역대급 매출을 일으키는 업무의 담당이 됐고 상사의 인정도 받을 수 있었습니다. 그렇게 그해에 최고 평가를 받았습니다.

둘째, 남들은 하지 못하는 일을 찾아보세요. 저에게는 '영어'가 그 일입니다. 영어를 번역, 통역하는 것이 어려운 사람들이 있죠. 저는 제 장점을 활용해 한국 화장품 최초로 루브르 박물관과의 협업을 이끌었고 트렌드 조사 자료를 정리해 매달 트렌드 보고회도 진행했습니다. 이런 노하우가 축적되면 나에게는 쉬운 일이지만 남들은 쉽게 넘볼 수 없는 일이 됩니다.

지금 회사에서도 '북클럽 리딩'을 하고 있습니다. 저는 트레바리와 수많은 리더급의 북클럽을 운영하면서 사내에서 '북클럽의 1인자'가 됐습니다. 이제 사내 사람들은 '북클럽=

성일레인'이라고 생각할 정도입니다. 이렇게 남들은 쉽게 하지 못하는 일을 선점하세요.

셋째, 남들보다 일을 더 잘하면 됩니다. 내가 남들보다 더 빨리, 더 많이 할 수 있는 일이 있습니다. 어떤 사람은 그것이 영업일 수 있고, 자료 만들기일 수 있고, 다른 팀과의 협업을 이끌어내는 일일 수도 있죠. 어떤 일이든, 남들보다 조금 더 잘하면 됩니다. 물론 처음에는 노력이 두 배, 세 배 이상 들 수 있어요. 하지만 남들도 다 하는 일인데, 내가 더 잘한다면? 이것이 인정받을 수 있는 지름길입니다. 그리고 인정은 좀 더 좋은 평가로 당신에게 보답할 것입니다.

Step 3. 이직으로 연봉 점프

10~20% 연봉 점프는 회사에서 3~4년 내에 이룰 수 있습니다. 하지만 이런 연봉 점프를 단시간에 이루고 싶다면 이직을 통해서 가능합니다. 하지만 본인에게 한번 물어보세요. 지금 연봉을 높이는 것이 중요한지, 아니면 이 회사에 다니는 것이 더 중요한지요. 이미 한 회사에서 좋은 평가와 네트워킹, 그리고 평판을 가지고 있다면 임원이 됐을 때 지금 못 받은 연봉 전부를 회수할 수 있을 것입니다. 그러니 지금 당장 10~20%의 연봉 점프가 필요한 상황인지, 아니면 나중의

'한 방(임원이 되는 것)'을 기다릴 것인지에 대한 판단을 해야 합니다.

Q.2

다른 디자이너가
저보다 더 인정받고 있어요

_중소기업 5년 차, 디자인 분야, 30대 중반

회사는 총알만 보이지 않았지 전쟁터 그 자체입니다. 사실상 공격하지 않으면 손해 볼 수 있는 환경입니다. 어떤 사람이 더 인정받는 이유를 이해하고 내가 그 사람을 뛰어넘을 수 있는 총알을 만드는 것이 중요합니다. 나는 일을 훨씬 많이 하고 성과도 좋은데 인정받지 못한다는 생각이 들 때는 자신을 어필해야 합니다.

Step 1. 평가 분석하기

다른 사람이 더 인정받고 좋은 평가를 받는 이유를 분석합니다. 업무 능력 때문인지, 인성 때문인지, 그가 가진 네트워크 때문인지, 주변의 평판을 들어도 좋고 연간 평가 내용을 확인해도 좋습니다.

- **업무 능력** 속도가 빠름, 많은 업무를 함, 계약을 잘 땀, 기획력이 있음 등
- **인성** 누구에게나 친절함, 상사와 사이가 좋음, 부하 직원을 잘 챙김 등
- **네트워크** 동기 모임에서 정보를 잘 얻음, 회사 내 소모임을 운영함 등

Step 2. 부족한 부분 체크하기

내가 그 사람보다 부족한 부분을 체크합니다. 이 또한 업무 능력, 인성, 네트워크로 세세하게 분야를 나누어서 정리하면 좋습니다.

Step 3. 업무 능력 강조하기

인성과 네트워크가 문제라면, 사실 큰 문제는 아닙니다. 왜냐하면 회사는 결국 일을 잘하는 사람이 이기는 전쟁터이기 때문에 인성과 네트워크를 잘한다고 해서 크게 인정받기는

어렵습니다. 인성과 네트워크가 문제라면 그것은 가짜 문제이고, 업무 능력이 문제라면 진짜 문제입니다.

모든 일은 동일한 무게를 가지지 않습니다. 그럼 어떤 일이 더 많은 무게를 가질까요? 회사에서 업무 능력을 인정받기 위해서는 이 세 가지를 기억해야 합니다.

첫 번째는 새로운New 일입니다. 반복적인 일은 티가 나지 않습니다. 하지만 회사 최초로 마케팅 캠페인을 만드는 일이라거나 최초의 교육이나 워크숍을 기획한다면 새로운 일을 수행하는 것만으로도 티가 많이 납니다. 성과를 떠나 회사에서 필요로 하는 일을 수행해 주는 것만으로도 도전 정신을 인정받을 것입니다.

두 번째는 어려운Difficult 일입니다. 누구에게나 어려운 일이 있는데, 이 어려운 일은 일부만 어려워하는 일이 아닙니다. 대다수의 사람이 기피하는 어려운 일을 해야 인정받을 수 있습니다. 경험상 여러 부서와의 협업이 필요한 일이 대표적입니다. 방법이 뚜렷하지도 않을 뿐더러 많은 시간이 소요되기 때문이지요. 이런 일은 세팅만으로도 인정받을 수 있습니다. 뿐만 아니라, 많은 사람이 협업하게 되므로 한번에 많은 이에게 능력을 인식시킬 수 있다는 장점도 있습니다.

마지막으로 ASAPAs soon as possible로, 모든 일을 가장 빠르게,

주저하지 않고, 지원하는 것입니다. 어떤 일이 주어졌을 때 서로 눈치 게임을 하다가 마지못해서 일을 받는 경우가 있습니다. 그런 경우 아무리 그 일을 잘 수행해도 인정을 받기는 어렵습니다. "어차피 미룰 수 없으니 한 거 아니야?"라는 책임감에 대한 인정만 받게 됩니다. 어차피 할 일이라면 최대한 빨리 지원하세요. 그 일이 당신의 것이 되든 아니든, 사람들은 당신의 적극성을 기억할 것입니다.

Q.3

성격상 맞지 않지만
오버세일즈를 해야 할까요?

_스타트업 회사 5년 차, 개발 분야, 30대 초반

회사에서 직원들끼리 경쟁하기 위해서는 내 능력을 어필하고 나 자신을 팔아야 합니다. 내 장점을 말하기가 쑥스러워서, 기다리면 누군가 알아줄 것 같아서, 그냥 내 일만 열심히 하면 될 것 같아서 나를 드러내지 않으면 결국 회사 내에서 뒷자리를 차지할 뿐입니다. 이제 오버세일즈Oversales의 대세로 갈아타야 합니다. 오버세일즈에 대한 나의 선입견은 무엇인지, 오버세일즈의 어떤 부분이 불편한지, 내 성격의 어떤 부분이 맞지 않는지 정리해야 합니다.

오버세일즈는 자기 PR입니다. 자기 PR은 예나 지금이나 중요하지만 요즘의 오버세일즈는 자기 PR의 좀 더 적극적인 행태입니다.

기존에는 모두 적극적으로 자기 PR을 하지 않았으므로, 나 또한 적당한 자기 PR로도 인정받을 수 있었습니다. 지금은 기준점이 높아졌습니다. 모두 자기 PR에 적극적이며, 자기가 받을 인정을 잘 챙기고 있습니다. 기존처럼 소극적인 자기 PR로 인정받기를 기다리겠다는 것은 시대의 흐름에 뒤처지는 행동입니다.

Step 1. 부정적 인식 파악하기

오버세일즈에 대한 부정적인 인식부터 고쳐야 합니다. 우리는 상품을 브랜딩하고 마케팅하는 것을 나쁘게 보지 않습니다. 오히려 브랜드에서 마케팅을 해서 우리가 몰랐던 사실을 알려주면 더 좋은 일이라고 생각하지 않나요? 싫든 좋든 오버세일즈는 바쁜 회사 생활에서 살아남기 위해 꼭 필요한 '자기 PR', '자기 마케팅', '자기 광고'입니다. 회사 내에서 오버세일즈를 하는 단 한 사람이라도 생기면 어쩔 수 없이 그 사람에게 눈이 가고 귀가 가고, 그리고 기회가 더 가는 것입니다.

Step 2. 불편한 부분 파악하기

오버세일즈의 3요소를 파악합니다.

What 이미 완료한 일을 오버세일즈하는 것 vs. 앞으로 할
일을 오버세일즈하는 것

Who 친하지 않은 대상에게도 오버세일즈하는 것 vs. 편한
대상에게만 오버세일즈하는 것

How 과한 말투로 오버세일즈하는 것 vs. 담백한 말투로
오버세일즈하는 것

여기서 내가 가장 불편한 것은 무엇일까요? 내가 가장 불
편한 부분은 진행하지 않아도 됩니다. 저의 경우는 앞으로
할 일에 대해 오버세일즈하는 것이었습니다. 내가 아직 완료
한 일이 아닌데 굳이 지금 오버세일즈를 해야 하는가라는 의
문이 있었습니다. 내가 잘하는 부분에 집중하고 자신 없는
오버세일즈는 넘어가는 것이 좋습니다.

Step 3. 오버세일즈 스킬 파악하기

나를 다른 사람들의 기준에 맞춰 "내가 동료보다 더 오버
세일즈하고 있나?"를 걱정하기보다 나의 어제와 오늘을 비교
하는 것이 효과적입니다.

어제보다 오버세일즈 스킬이 늘어났다면, 조바심 내지 말

고 조금씩 오버세일즈의 양을 결정하면 됩니다.

＊액션 플랜 만들기

자기 PR도 굉장히 소모적인 일입니다. 지속적으로 사람을 만나야 하고 여러 사람에게 여러 번 자기 PR을 해야 하기 때문입니다.

그럼, 어떻게 해야 오버세일즈의 효과를 극대화할 수 있을까요? 제가 집중하는 영역은 핵심 인물Key Person 파악입니다. 회사 내에서 네트워크가 잘 형성된 핵심 인물에게 오버세일즈를 하면 자연스럽게 나의 업무 역량이 소문나게 됩니다.

보통 다양한 부문과 다양한 직급의 구성원을 많이 알고 있는 사람이 핵심 인물일 가능성이 높습니다. 회사 밖에서도 회사 사람들과 어울리는 사람도 이에 해당합니다. 이런 이들에게 적극적으로 오버세일즈를 하면 회사 내 다양한 부문의, 다양한 직급의 사람들이 나를 알게 되고 좋은 소문이 퍼지게 됩니다.

이렇게 충분한 오버세일즈가 이뤄지면 그것을 '사내 여론'이라고 합니다. 회사 내에서 대다수의 사람에게 인정받는 위치를 선점하는 것을 사내 여론을 가졌다고 할 수 있습니다.

평가는 매번 B,
S급 인재가 되고 싶어요

_대기업 5년 차, 품질 분야, 30대 중반

평가에 대한 오해가 있습니다. 평가란 객관적이고 공평하게 나의 업무 능력을 판단한 것이라는 착각이지요. 평가 또한 사람이 하는 일이기 때문에 과소평가나 과대평가 나올 수 있습니다. 문제는 실제 내 능력보다 과소평가됐을 때입니다. 어떻게 해야 과소평가를 예방할 수 있을까요?

Step 1. 내 역량 파악하기

어제의 나보다 더 잘하면 됩니다. 평가란 나와 동료와의 비교라고 생각하는데 사실 평가는 '어제의 나'와 '오늘의 나'

를 비교하는 것입니다. 제가 누군가를 평가할 때의 기준도 마찬가지입니다. 누구나 고유한 능력이 있으므로 한 사람과 다른 사람을 평가하기는 어렵습니다. 다만, '그 사람이 내가 기대한 것보다 많은 성과를 냈는가?'가 핵심입니다. 어떤 모습을 기대했을까요? 보통 그 사람이 기존에 보여줬던 역량을 기반으로 기대치를 만듭니다. 그렇기에 그 사람이 어제의 역량보다 더 좋은 역량을 보여준다면 이미 제 기대치를 뛰어넘은 것입니다.

Step 2. 내 태도 파악하기

태도가 90%입니다. 업무 역량보다 더 중요한 것이 태도입니다. 이전에 리더급과 이야기하면서 '태도가 나쁘나 역량이 훌륭한 인재 vs. 태도가 좋으나 역량이 부족한 인재' 중 누구를 선호하는지 물었습니다. 만약 한 팀에 한 명만 있다면 역량이 훌륭한 인재를 선호하겠지만 우리는 여러 명이 함께 팀으로 일합니다. 그렇기에 태도가 좋아서 다른 사람과 팀워크를 잘 만드는 구성원을 선호하고 더 좋은 평가를 합니다.

이전 회사에서 역량은 너무 뛰어나나 부정적인 태도로 다른 사람과 같이 일하지 못하는 직원을 만난 적이 있습니다. TF 같은 업무에는 배치한 적이 있으나, 오래 일해야 하는 팀에서는 배제시켰습니다. 한 사람보다는 한 팀을 구하는 것이 리더의 목표이기 때문입니다.

Step 3. 팀원으로 인정받기

팀에 오래 있을 것이라는 믿음을 심어주어야 합니다. 보통 리더는 자기와 오랫동안 함께할 사람을 곧 떠날 것이라 생각하는 사람보다 후하게 평가합니다. 왜냐하면 '내 사람' '내 팀원'이라는 인식이 있기 때문입니다. 물론 '나는 언젠가는 떠날 텐데 기만이 아닐까?'라고 고민할 수도 있습니다. 너무 걱정하지 않아도 됩니다. 리더도 당신이 영원히 이 조직에 있을 것이라고 생각하지 않습니다. 모두 조직을 떠나고 돌아오고, 이런 사이클이 있음을 알고 있습니다. 다만 오래 있을 것이라는 믿음과 온 마음을 다해 일해줄 구성원이 필요한 것입니다.

Tip 어떤 말이 나를 성장시킬까?

주변의 인정과 평가에 일희일비하지 말라고 하지만, 누구나 주변의 소리에 귀를 기울일 수밖에 없습니다. 아들러 심리학의 선구자인 기시미 이치로는 《리더는 칭찬하지 않는다》에서 인간은 나약하기에 누군가에게 인정받지 못하면 스스로의 가치를 인정하지 못한다고 말했습니다. 하지만 결국 누군가의 말과 상관없이 자립해야 한다고 했지요. 나에게 있어 가장 중요한 인정이 무엇인지 알고 다른 사람에게 그 인정을 요청하고 마지막으로는 스스로를 인정할 수 있어야 합니다. 그것이 자립과 성장으로 가는 길이기 때문입니다.

Step 1

당신이 가장 좋았던 피드백은 무엇인가요? 그 피드백을 리스트업해서 내가 원하는 피드백을 정리할 수 있습니다.

피드백 1 노력을 정말 많이 하네요. 그래서 결과가 좋은가 봐요.
피드백 2 많은 업무를 끝까지 책임지는 모습이 대단합니다.
피드백 3 센스가 있어서 기획력도 좋은가 봐요. 아이디어가 좋네요.

이 중 가장 좋았던 피드백을 골라주세요. 참고로 저는 '제가 노력을 많이 하는 사람'이라는 피드백을 가장 좋아합니다.

Step 2

내가 어떤 행동을 했을 때, 원하는 피드백을 얻을 수 있었나요? 그런 피드백을 받았던 상황을 나열하고, 그 피드백을 받을 수 있는 상황을 만들어갑니다. 업무나 대상에 따라 달라질 수는 있어요.

Step 3

내가 좋아하는 피드백이 어떤 피드백인지 주변 사람들에게 알려주세요. 상사에게 "아이디어가 좋다는 말에 동력을 얻었습니다. 그래서 이런이런 기획서도 정리해 봤으니 한번 봐주세요"라고 직접적으로 말하는 것도 좋아요. 사람들은 당신에게 좋은 피드백을 주고 싶지만 어떤 피드백을 좋아하는지를 몰라서 못 주는 경우가 많습니다.

Step 4

이제, 당신 스스로 그런 피드백을 줄 수 있는 상황을 만듭니다. 스스로에게 말해주세요.

"나는 ○○○한 사람이야." "나는 ○○○를 잘하는 사람이야." "나는 ○○○를 성공시킬 수 있어."

자기암시까지 더해지면 앞으로도 만족을 얻기 위한 행동이 뒤따릅니다.

12장

인간관계와
리더십

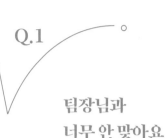

Q.1

팀장님과
너무 안 맞아요

_중소기업 5년 차, 기술 분야, 30대 중반

관계에 있어서 중요한 3요소가 있습니다. 시간Time, 공간Place, 그리고 토픽Topic입니다. 그리고 시간과 공간을 바꾸면 관계에 변화가 일어납니다.

Step 1. 시간의 변화

한 사람과의 관계가 변하기 위해서는 충분한 시간이 필요합니다. 서로가 싫은 시간도 임계점을 넘으면 조금씩 완화되는 것을 경험할 수 있어요. 누군가를 좋아할 때도 동일한데요, 한 사람이 너무 좋다가도 임계점을 넘어가면 그 사람을 좋아하는 폭의 증가가 가파르지는 않습니다. 우스개소리로 사랑의 유효 기간은 3개월이라고 하는데, 이것은 어떤 관계에서나 동일합니다. 그래서 너무 싫은 관계라도 싫은 감정이 계속 증가하지는 않습니다. 그것이 꺾이는 순간이 언젠가는, 기필코 옵니다.

Step 2. 공간의 변화

공간이 변하면 관계에 변화가 일어납니다. 가령 사무실에서, 회의 장소에서만 누군가를 만난다고 가정해 볼까요. 이 사람과 동일한 공간에서만 본다면 큰 변화를 기대하기 어렵습니다. 그래서 싫은 사람과도 밥을 먹는 연습, 티타임 시간 등이 필요합니다. 그 공간이 회사 밖이면 더 좋고, 교외면 더욱 좋습니다. 회사 공간이 아닌 곳에서 소통할 수 있으면 이 사람과 나의 관계가 다르게 바뀝니다.

Step 3. 토픽의 변화

마지막으로 새로운 토픽이 필요합니다. 우리가 회사에서 일로만 이야기할 때는 관계에 큰 변화를 기대하기는 어렵습니다. 일 말고도 소통할 수 있는 이야기가 필요합니다. 가볍게는 휴가 이야기, 가족 이야기, 육아 이야기로 시작해 회사

내 고민 이야기, 현재 팀의 어려운 이야기 등으로 넘어가는 것을 추천합니다.

이 모든 것이 연결됐을 때 변화를 일으킬 수 있습니다. 그리고 그 사람이 한 이야기를 기억해 주는 정도의 센스만 있다면 관계는 역전시킬 수 있습니다.

*액션 플랜 만들기

이렇게 많은 시간과 노력을 들이면 당연히 관계가 바뀝니다. 그럼에도 불구하고, 관계가 바뀌는 데 너무 많은 시간을 쓸 수 없는 사람을 위해 준비한 지름길 세 가지를 소개합니다.

· 칭찬하라!

우리가 흔히 잘못 알고 있는 점이 있는데, 칭찬은 아부가 아닙니다. 아부는 노력하지 않은 것에 대한 칭찬입니다. 반면 칭찬은 내가 노력한 것에 대한 대가입니다. "너는 발표를 참 잘해" "굉장히 노력을 많이 한 것 같아" 등은 아부가 아니라 관심이 칭찬으로 이어진 좋은 케이스입니다. 그런 것을 알아주는 것만으로 한 사람에 대한 호감이 높아질 수 있습니다.

· 그럴 수도 있지 기법

세상의 모든 사람은 각기 다른 가치관으로 세상을 살아가고 있기에, 아무리 많은 대화를 하고 아무리 많은 노력을 해도 이해하지 못할 생각이 마음속에 자리 잡고 있습니다. 아무리 싫은 사람이라고 해도 '그 사람은 나름의 사정으로 그럴 수도 있지'라고 생각해 보세요. 그냥 무작정 이해해 주는 것만으로도 관계는 좋은 방향으로 흐를 것입니다.

· 도망가라!

팀장과 정말 사이가 안 좋고 많은 노력을 했는데도 바뀌는 것은 없고 스트레스만 많아진다면? 이럴 때는 다른 팀으로, 혹은 다른 회사로 도망가야 합니다. 인생의 모든 일을 정면 돌파할 필요는 없습니다. 가끔은 도망가고 살아남아야 합니다. 일단 나부터 지킵시다.

옆 팀 팀원이
성희롱을 당했어요

_대기업 4년 차, 기획 분야, 20대 후반

커리어 상담자 중 수년 전에 겪은 성희롱으로 지금도 힘들어하는 사람이 있었습니다. 그는 나에게 세 가지 질문을 했습니다.

"성희롱에 대한 것을 지금이라도 오픈해야 할까요? 그 사람이 벌을 받기 원하지만 나중에 후환이나 원한을 살까 봐 두려워요."

"사람들은 이 사건을 오픈하고 위로를 받으라고 하는데 아직은 매우 불편해요. 수치심이 느껴지고 수치심을 느끼는 제가 한심하기도 해요."

"이 고통에서 벗어날 수 있을까요?"

Step 1. 상황 인정하기

일단 당신이 원하는 것이 정당하다는 사실을 기억해야 합니다. 보통 성희롱 피해자에게 물어보면 가해자의 반성, 가해자의 사과, 재발 방지 조치를 원합니다. 인지심리학적으로는 반성 ⇨ 사과 ⇨ 재발 방지의 순으로 이어진다고 생각하는데 명심해야 하는 것은 가해자는 보통 사람이 아니라는 것입니다. 가해자에게는 사과를 하기 위한 반성이 전제되지 않습니다. 재발 방지를 위한 반성과 사과 또한 전제되지 않습니다. 그래서 반성은 리스트에서 지우는 편이 정신건강에 이롭습니다.

가해자의 사과는 성희롱이 다른 공간이 아닌 회사에서 일어났기 때문에 가능한 시나리오입니다. 사과해야만 회사 내에서 활동할 수 있기 때문이지요. 회사에는 주홍글씨라는 프레임이 있어 한 번 성희롱을 한 사람은 몇 년 간 관리를 합니다. 5년 정도의 기간으로 그 사람에 대해 삼진아웃제를 운영하는 회사가 많아요. 그 사람이 직업을 계속 갖고 싶다면 재발하지 못하는 조치가 될 수 있습니다.

Step 2. 전문가와 상담하기

사건을 오픈하거나 오픈하지 않는 것은 오로지 본인의 몫입니다. 성희롱은 갑작스럽게 일어난 사고와 같습니다. 나에게 일어난 사고를 공유함으로서 힐링이 되는 사람이라면 많은 사람과 공유하고 아니라면 혼자만의 시간으로 힐링했으면 합니다. 그래도 심리상담은 꼭 추천합니다.

Step 3. 나의 삶에 집중하기

나쁜 기억은 어느 날 갑자기 사라지지 않습니다. 희미해지기는 하지만 불현듯 떠오를 때가 있습니다. 좋은 기억이든 나쁜 기억이든 조금씩 희미해지는 것이 인간의 심리이기 때문입니다.

다만 그 기억이 나를 붙잡아두는 것에 동의하지 않고 조금씩 벗어나 자신의 삶을 살아야 합니다. 누구나 살면서 좋은 경험만 하지는 못하기에, 그것이 삶이고 인생이기에, 앞으로 좋은 사람을 만나고 좋은 경험을 쌓는 것에 집중한다면 그 사건이 잊히는 속도가 빨라집니다. 부디, 트라우마에서 빨리, 그리고 많이 빠져나올 수 있기를 희망합니다.

조직 내 문제를 여러 번 말했지만 변하는 건 없어요

_중소기업 7년 차, 교육 분야, 30대 후반

조직은 쉽게 변하지 않습니다. 흔히 말하는 '고인물'이 오랜 시간 자리를 차지하고 직급이 올라갈수록 생각의 변환이 쉽지 않기 때문입니다. 조직을 떠나지 않는다면 꾸준하게 구체화하는 과정이 필요합니다. 사람은 과정과 결과가 눈에 보이면 좀 더 자극을 받기 때문입니다. 조직 내 문제를 어떻게, 얼마나 이야기했는지를 기록하는 과정이 먼저입니다. 그리고 각각의 시도를 통해 조직이 얼마나 변해가는지를 확인해야 합니다.

Step 1. 과정 기록하기

언제, 어떻게, 누구에게, 무엇을 시도했는지 기록합니다. 여기서 중요한 점은 최대한 구체적으로 기록하는 것입니다.

- **언제** 5/24 부문 간 회의 중간 쉬는 시간에
- **어떻게** 구두로, 10분간
- **누구에게** 인사 팀장 아무개에게
- **무엇을** 내 상사가 지금 의사 결정을 하지 않아서 구성원들이 신사업 개발에 손을 놓고 있다. 구체적인 예시는 알파 TF, 거론한 팀원 이름은 누구
- **근거** 팀원과 면담했는데 "회사에서 일하던 기간 중 가장 힘든 시간을 보내고 있고 심각하게 이직을 고려하고 있다"를 수차례 들었다.

Step 2. 결과 정리하기

각각의 이야기가 가지고 온 임팩트를 표기합니다. 그 임팩트가 아주 미미하더라도 구체적으로 기록하는 것이 중요합니다. 임팩트는 4점 척도로 정리합니다.

- **임팩트 4** 임팩트가 있었고, 수일 내로 변화가 예상됨

- **임팩트 3** 임팩트가 있었다고 생각함. 한 달 이내로 변화가 예상됨
- **임팩트 2** 임팩트가 없었다고 생각함. 수개월 이내로 변화가 생길 수도 있음
- **임팩트 1** 임팩트가 없었음. 1년 이내로 변화가 생길 수도 있으나 확률이 매우 적음

Step 3. 피드백 반복하기

임팩트가 있었던 피드백 방식을 재사용할 수 있도록 플랜을 재정립하는 것이 중요합니다. 임팩트가 높았던 때의 공통분모를 찾습니다. 보통은 공신력이 있는 경우(인사팀, 이메일 등)가 영향력이 높을 확률이 있습니다. 앞으로 임팩트 있게 피드백을 전달하는 방법을 계속 기록하고 반복해야 합니다.

회사 일에서 절대 변화하지 못할 것은 없습니다. 다만 그 변화가 조금은 더딜 뿐입니다. 요즘 유행인 말로 중요한 것은 꺾이지 않는 마음일 뿐입니다. 나만 지치지 않는다면 변화는 이끌어낼 수 있습니다. 그러므로 변화를 최대한 도모할 수 있도록 지속적으로 기록하고 지속적으로 시도하는 것이 중요합니다.

Q.4

워킹맘, 회사에서
어떻게 워라밸을 지켜야 하나요?

_대기업 10년 차, 브랜드 마케팅 분야, 30대 후반

워라밸에 대한 착각부터 이해하는 것이 중요합니다. 완벽한 워라밸이 존재한다는 것은 착각입니다. 세상에 완벽한 워라밸은 없습니다. 그 누구에게 물어봐도 본인의 워라밸은 완벽하다고 말하지 못할 것입니다. 제가 만난 수백 명의 리더에게 워라밸에 대해 물어본 적이 있었습니다. 그중 누구도 워라밸을 지키고 있다고 대답한 사람은 없었습니다. 적당히 타협하며, 적당히 만족하는 워라밸을 받아들이는 것부터 시작해야 합니다.

워크와 라이프가 독립적이라는 것은 착각입니다. 두 개는

서로 얽혀 있습니다. 서로가 서로에게 영향을 미치고 있습니다. 최악의 워크에 좋은 라이프가 있을 수 있을까요? 최악의 라이프에 좋은 워크가 존재할 수 있을까요?

워크와 라이프 중 하나를 희생해야 워라밸을 가질 수 있다는 것은 착각입니다. 회사 일에만 집중하기 위해 지금의 행복을 미루는 사람을 많이 봅니다. 결혼을 미루고, 휴가를 미루고, 가족과 보내는 시간을 미룹니다. 모든 것을 미루고 일을 우선순위에 두면 '보상심리'가 발동됩니다. 내가 미루는 것에 대해 보상을 받고 싶은 마음입니다. 그래서 평상시 하지 않을 일을 하고, 그것이 다른 사람에게 인정받지 못하면 급격한 자괴감에 빠집니다. 이런 악순환을 막기 위해 나부터 행복해야 합니다. 일단 '나'라는 사람이 튼튼하게 세워져야 워크도, 라이프도 챙길 수 있습니다.

그렇다면 어떻게 워라밸을 관리해야 할까요?

Step 1. 완벽하게 집중하기

워라밸은 각 시간별로 완벽한 집중을 요구합니다. 이전의 동료는 회사에서는 집 걱정, 집에서는 회사 걱정을 하는 사람이었습니다. 회사 근무 시간에도 과도하게 집안일을 처리하는 것이 티가 났고, 그렇게 한 시간의 회의도 다른 일을 하지 않고는 못 참는 사람이었습니다. 그래서 사람들은 그가 일에 집중하고 있지 않음을 알게 되었고 그와 대화하기를, 함께 일하기를 피하게 됐습니다.

Step 2. 유연성 가지기

워라벨은 순간순간 유연성을 요구합니다. 인생을 살다 보면 일이 더 중요한 순간이 오고 어느 순간에는 라이프가 더 중요한 순간이 옵니다. 회사에서 중요한 TF나 발표를 준비해야 하는 시점이 일에서 중요한 순간입니다. 가족 중에 누군가가 아프거나 결혼과 출산과 같은 일을 준비하거나 시작해야 하는 시점이 라이프에서 중요한 순간입니다. "나는 일이 무조건 중요한 사람"이라고 단언하고 가족을 챙기지 못하면 가족뿐만 아니라, 나 또한 불행해집니다.

Step 3. 대안 준비하기

비상상황에 대응할 수 있는 플랜이 있어야 합니다. 라이프 중 육아는 많은 비상상황을 갖고 옵니다. 예측할 수 없는 아이의 건강 상태 등이 이에 해당합니다. 이럴 때는 비상상황에 대응할 수 있는 플랜 B가 필요합니다. 내가 갈 수 없는 경우라면 남편이라도 갈 수 있는 상태를 만들어야 합니다. 내가 남편의 플랜 B라면 상사와 동료에게 그런 상황이 일어났을 때 내가 가야 할 수도 있다는 사실을 공유해야 합니다.

회사 생활, 그리고 팀 협업에서 가장 중요한 것은 '예측 불가능'을 없애는 것입니다. 얼마 전, 교육팀의 한 구성원이 팀장에게 '근무 시간에 온라인으로 교육을 시청하는 것 vs. 아예 교육장에 가서 교육을 듣고 오는 것' 중에 당연히 후자가 더 싫지 않냐는 질문을 했습니다. 팀장은 모두의 예측을 뒤엎고 교육을 받으러 가는 것을 더 선호한다고 했습니다. 이유인 즉슨, 예정된 교육을 들으러 간 것은 예측 가능의 범주지만 일을 할 것이라 예상한 사람이 갑자기 온라인 교육을 듣는 것은 예상 밖의 범주이기 때문이라고 했습니다.

그러니 현재의 육아 상황을 적극적으로 팀에 공유해서 어떤 상황에도 "이렇게 갑자기?"라는 말을 듣지 않도록 대처해야 합니다.

저만 여자라 외톨이 같아요. 어떻게 하면 사람들과 어울릴 수 있을까요?

_중견기업 5년차, 영업 분야, 30대 중반

동질감이 신기한 이유는, 그것이 상대적이기 때문입니다. 저는 중학교 2학년 때 미국으로 유학을 갔고 그곳에서 상대적 동질감, 약자들의 연대를 경험했습니다. 우리가 다르다고 생각하는 중국인, 일본인도 미국 중학교에서는 소수자 집단 Minority이라는 작은 연대를 이루게 됩니다. 저의 경험에서 힌트를 얻어 한 조직에서 동질감을 만드는 방법을 공유하겠습니다. 세 가지의 재료가 필요합니다.

Step 1. 공동의 목표

공동의 목표는 아무리 다른 백그라운드를 가진 사람이라도 하나로 묶는 역할을 합니다. 그 목표가 어렵고 힘들수록 연대는 강해집니다. 쉬운 목표라면 한두 사람의 협력으로도 도달할 수 있지만, 어려운 목표는 더 많은 사람, 혹은 전체의 합의와 협의를 전제로 하기 때문입니다.

2008년 아모레퍼시픽 브랜드 헤라를 중국에 론칭하는 미션을 맡았습니다. 저는 중고 신입 같은 존재였고, 다른 멤버들은 공채 출신이었습니다. 그들이 저와 편을 가른다는 것은 공채 교육에서 경험했던 터라 그리 놀랍지는 않았습니다. 하지만 거대한 목적이 부여되자 사람들은 출신과 소속보다는 이 일을 해내야 한다는 공동 목표로 똘똘 뭉쳤습니다. 사람들과 다른 소속, 다른 출신이라는 것이 신경 쓰인다면 아직 목표가 제대로 설정되지 않아서입니다.

Step 2. 공감

공감은 동감이 아닙니다. 간혹 회사에서 서로를 이해하지 못하는 팀을 만나게 됩니다. 이때 실행하는 것이 '공감하기' 액티비티입니다. 먼저 문제를 던집니다. "한 팀원이 일이 어렵다고 하면 어떻게 공감해 주겠는가?" 대다수의 사람은 부정하거나 해결책을 제안하거나 엉뚱하게도 미안해합니다. 부정하는 사람들은 "그 일이 뭐가 어려워?"라며 어려워하는 마음을 부정합니다. 해결책을 제안하는 사람은 "내가 대신 해줄까?" "다른 팀에 넘겨"라고 하지만 이런 말은 위로가 되지 않습니다. 당사자는 이런 어려움을 더 긴 시간, 더 깊이 고민했을 것입니다. 해결책이 떠오르지 않아서, 그 과정을 몰라서, 어려움을 토해내는 것이 아닙니다. 또 어떤 사람들은 "내가 했어야 하는 일인데, 미안해"라고 합니다.

이 모든 것은 공감이 아닙니다. 공감은 "당신 일이 힘들 수도 있겠구나"를 인정해 주는 것입니다. 그 사람의 힘듦을 알아주는 것만으로도 그 사람은 위로받을 수 있습니다. 이렇게 공감하면 팀원들이 서로 의지하고 힘을 얻게 됩니다. 이것이 팀워크입니다.

Step 3. 공유 시간

공유 시간이 많아질수록 공동체 의식을 가지게 됩니다. 얼마 전 회사 사람들과 내부 조직을 만들면서 얼마나 힘들었는지를 말하는 시간을 가졌습니다. 우리는 많은 일을 함께 경험했고 그 경험을 통해 성장하면서 하나가 됐다고 말하며 다들 마음이 벅차올랐습니다. 결국 많은 시간을 보낸 사람들이 하나의 공동체를 만들어갑니다.

　나이나 성별 등으로 내가 조직에 맞지 않는다고 선을 긋지
말고, 먼저 다가가세요. 그러면 회사는 더 고마워할 것입니다.
공동의 목표를 달성하는 데 도움이 될 것이니까요.

· 신입사원, 대리급

Step 1. 소통하는 사람 기록하기

나를 중심으로 한 달에 1시간이라도 소통하고 교류하는 모든 사람의 이름을 적어보세요. 그 사람의 사진을 붙여 리스트업하는 것도 좋습니다. 이미지화시키면 명확하게 뇌에 기억이 남습니다.

Step 2. 소통하는 사람 묶어주기

나와 인간관계를 맺은 사람들의 리스트를 보고 이들을 묶어보세요. 공통점을 찾아 묶는데 이것이 그 모임의 이름이 되는 경우가 많습니다. 저 같은 경우는 '트레바리 모임' '대학 동기 브런치 모임' 'CJ 모임' 등의 네트워크로 정리됩니다. 각 그룹별로 네이밍을 하고 이미지화하는 작업을 합니다.

Step 3. 미래의 인간관계 지도 그리기

앞으로 1년, 그리고 3년 뒤 '미래의 인간관계 지도'를 그려보세요. 앞으로 줄여야 하는 인간관계는 어떤 것일까요? 어떤 인간관계를 늘려야 하는 걸까요? 인간관계를 어떻게 조율해야 할지 모르겠다면 미래 목표를 떠올려 보세요. 미래 목표를 이루기 위해 어떤 인간관계를 가지면 될까요?

· 과장급 이상

Step 1. 리더십 맵 그리기

내가 직간접적으로 영향을 받고 있는 리더와 내가 영향을 주고 있는 리더를 리스트업합니다. 모든 상하 관계를 포함합니다.

Step 2. 나를 중심으로 리스트업하기

나를 중심에 두고 다시 리스트업한 뒤 그들이 나에게 주는 좋은 영향과 나쁜 영향을 색깔로 표기합니다.

Step 3. 미래의 리더십 맵 그리기

앞으로 꿈꾸는 리더십 맵을 그려봅니다. 위로 확산일까요? 아니면 아래로의 확산일까요? 리더십 맵을 그림으로써 내가 영향을 미치고 싶은 방향이 확실하게 정리되고 어떻게 하면 그런 영향을 미칠 수 있는지를 정리할 수 있습니다.

무브 업
커리어 변화구를 만드는 6가지 법칙

초판 1쇄 인쇄 2023년 9월 18일
초판 1쇄 발행 2023년 9월 25일

지은이 성일레인
펴낸이 김선식

경영총괄이사 김은영
편집인 이여홍

마케팅본부장 권장규 마케팅3팀 박태준, 문서희
편집관리팀 조세현, 백설희 저작권팀 한승빈, 이슬, 윤제희
미디어홍보본부장 정명찬 영상디자인파트 송현석, 박장미, 김은지, 이소영
브랜드관리팀 안지혜, 오수미, 문윤정, 이예주 지식교양팀 이수인, 염아라, 김혜원, 석찬미, 백지은
크리에이티브팀 임유나, 박지수, 변승주, 김화정, 장세진 뉴미디어팀 김민정, 이지은, 홍수경, 서가을
재무관리팀 하미선, 윤이경, 김재경, 이보람, 임혜정
인사총무팀 강미숙, 김혜진, 지석배, 박예찬, 황종원
제작관리팀 이소현, 최완규, 이지우, 김소영, 김진경, 양지환
물류관리팀 김형기, 김선진, 한유현, 전태환, 전태연, 양문현, 최창우
외부스태프 교정교열 김민영 디자인 표지 유어텍스트 본문 박재원

펴낸곳 다산북스 출판등록 2005년 12월 23일 제313-2005-00277호
주소 경기도 파주시 회동길 490
대표전화 02-704-1724 팩스 02-703-2219 이메일 dasanbooks@dasanbooks.com
홈페이지 www.dasan.group 블로그 blog.naver.com/dasan_books
용지 신승아이엔씨 인쇄 민언프린텍 코팅 및 후가공 제이오엘엔피 제본 다온바인텍
ISBN 979-11-306-4589-6 (03320)

＊책값은 뒤표지에 있습니다.
＊파본은 구입하신 서점에서 교환해드립니다.
＊이 책은 저작권법에 의하여 보호를 받는 저작물이므로 무단 전재와 복제를 금합니다.

다산북스는 독자 여러분의 책에 관한 아이디어와 원고 투고를 기쁜 마음으로 기다리고 있습니다.
책 출간을 원하는 아이디어가 있으신 분은 다산북스 홈페이지 '투고원고' 란으로 간단한 개요와 취
지, 연락처 등을 보내주세요. 머뭇거리지 말고 문을 두드리세요.